新 わかりやすい
仏教保育総論

公益社団法人 日本仏教保育協会／編

はじめに

　園庭で子どもたちが歓声をあげながら元気いっぱいに遊びまわる姿を見ると、思わず笑みがこぼれてきます。子どもたちの心からはりあげる声を聞くと、元気にさせられるものです。彼らは本当に無邪気に遊んでいるのですが、その無邪気な心は、生まれついての本能が勝っている心です。嬉しいときは心底から喜び、気にいらないと駄々をこね泣きわめきます。

　そのような子どもたちが社会の一員として仲間入りするためには、教育が欠かせないことは自明のことです。その教育にも様々なものがあります。その一つに、自然とのふれあいがあります。今は子どもの頃から土に親しむことが少なくなっています。土に親しむとは、植物の生育にかかわることであり、虫にさされて手足がはれてしまうことでもあり、また野鳥の存在にも思いがいたることでもあります。実生から生育する樹木を見守ることは根気もいります。水が不足すれば枯れてしまうのが植物です。そうしたことへの思いが、人間としてのやさしさを育むことになろうかと思います。

　子どもの無邪気な心は、裏をかえせば仏教の立場からは「皆無始よりの貪瞋痴(みなむし)(とんじ)(ち)」に起因するものです。仏教保育の基本綱領「明るく、正しく、仲よく」は仏教徒の宝物です。手を合わせる人がいるとき、仏様は微笑えんで私たちを見護って下さります。仏様は、様々なご縁によって私たちは生かされていること、すべての命はつながっていることを教えて下さった。私たちはお互いに思いやり、今ある命に感謝したいと思います。

　子どもたちが仏教保育の綱領にのっとり、その精神をしっかり身につけ、仏様に手を合わせ、ありがとうといつもいえる人に成長してほしいと念願しております。

公益社団法人 日本仏教保育協会

名誉会長　小澤憲珠

わかりやすい仏教保育総論

第6講　仏教保育の行事

第7講　仏教保育の教材

第8講　平等の保育 ～一人ひとりを大切にする仏教保育～

第9講　発達援助のあり方

＊本誌のイラストはイメージイラストです。
　各宗派によってそれぞれの様式は異なりますのでご了承ください。

第1講

仏教保育の理念

戸田了達

1 仏教保育の背景

I．歴史的経緯

　明治5年の「学制」以来、日本の近代教育は西欧やアメリカの教育手法に倣いながら現在に至っている。特に第二次世界大戦（太平洋戦争）以降、日本は西欧の教育制度や技術を積極的に導入し、それを日本の状況に合わせて定着させ発展させることに成功した。しかし、実はその根底部分において一つ解決しなければならない問題が存在し続けた。それは、教育を支える精神的基盤はなにかという問題である。もともと西欧には教育を支える基盤としてキリスト教的精神文化が存在したわけだが、日本は、当然のことながらその西欧のメンタリティまで同時に移植することはできなかった。

　日本の教育の精神的基盤は、戦前においては教育勅語がそれを担ったと考えてよいだろう。

　しかし、戦後それに代わるものはなんだっただろうか。教育制度や技術面の整備・充実・発展の裏で、それを用いて一体どのような人間を育てたいのかという理念や倫理観が、戦後の日本においては不明瞭のままであり続けたといえるかもしれない。

　そうした日本の教育上の精神的空白を埋める一つの確かな文化として、仏教は注目されてきたのである。とりわけ、第二次ベビーブームといわれる昭和40年代頃から、仏教関係者を中心に「仏教保育」が熱心に研究され討議されてきた。これは、戦後の経済発展のなかで混迷を深めてきた日本人の心の問題を、仏教の教えによって導かんとする尊い挑戦であったともいえる。器だけが整った近代以降の日本の教育の最も重要な中身の部分に仏教という芯を立て、仏教精神に基づく全人的教育を目指したのである。

Ⅱ. 法律との関係性

　戦後、それまでの教育勅語に代わって教育基本法が制定され、これによって「人間の尊厳」が確認され「個性の尊重」を原則とすることを日本の教育の基盤とすべきと明示された。

　教育基本法の第1条には次のように書かれている。

> 教育は、人格の完成を目指し、平和で民主的な国家及び社会の形成者として必要な資質を備えた心身ともに健康な国民の育成を期して行われなければならない

　そして第2条には次のように書かれている。

> 真理を求める態度を養い、豊かな情操と道徳心を培う

　では、果たして国が求める「完成された人格」とはどのようなものか。「真理」とは、「豊かな情操や道徳心」とは、どのようなものなのだろうか。

　実は、日本の法律や制度において、これを明確に規定しているものはない。それはつまり、法律の整備はあくまでも制度の確立ということであり、それを支える精神的基盤の確立とはまた別の問題であるということである。もちろん、政府が日本国憲法や教育基本法とは別に新たな人間像を描き出し、人の生き方について指示することには問題があるだろうし、教育を支える精神的基盤は、政府によって上から押し付けられるべきものではなく、国民一人ひとりによって下から創出されるべきものであろう。つまり制度的にみても、また現実問題としてみても、日本の精神教育の内容は、各人にあるいは各教育施設に任されているということである。

　仏教保育は、西欧近代の保育の制度と技術を継承しながらも、それを支える精神的基盤を仏教というアジア的・日本的な思想に求めようとするものであろう。この意味で、これは戦後の日本の教育が内包し続けてきた課題に正面から取り組む、一つの実践とみることができるのである。

【参考文献】
『仏教保育講座 1 仏教保育の基本原理』鈴木出版
『仏教と教育』日本評論社

Ⅲ. 仏教保育とは

　仏教保育と一口に言っても少しわかりにくいものがあるかもしれない。一般的には、お寺が運営している幼稚園や保育園、こども園であるということ、また一年間のなかにさまざまな仏教行事があるということが、仏教保育の特色と捉えられることが多い。しかし、そもそもなぜお寺が園を運営しているのか、なぜ仏教行事を行っているのかということを、深く考えてみたことがあるだろうか。

　仏教保育を謳ううえで本当に大切なことは、釈尊の生き方・考え方を土台とする保育が行われているかどうかである。その園の保育（つまり生活と教育）のなかに、釈尊の教え、仏教の教えが生きているかが重要になってくるのである。お寺が運営していても、また仏教行事をたくさん行っていても、保育のなかに仏教がいき

いきと生きていなかったらそれは本当の仏教保育とはいえない。園の経営方針はもちろんのこととして、現場の保育者一人ひとりの日々の姿や物の考え方の一つひとつに仏教精神が流れていることが重要なのである。お寺が園を運営しているのは、仏教の理念や人間観・人生観で子どもを導くことで、その子の人生を豊かで安らかなものにしたいという祈りや願いがあるからである。そして仏教行事をしているのは、その行事を通じて園児や保護者、保育者があらためて仏教の教えに親しみ、その教えに自分を照らして自己を見つめ直していくきっかけになることを願うからであろう。だから、仏教保育を謳う園の保育者は、自分自身がいつも主体的に仏教に向き合い、仏教的な物の見方や捉え方を身につけていくことがとても重要になってくる。

　そこで、仏教の教えの基本的なことについて、ここでふれておきたいと思う。

2 仏教保育の目指すもの

I. 智慧と慈悲

仏教は「智慧と慈悲の教え」といわれる。智慧（prajñā プラジュニャー）とは物事を深く見通す力のことで、何事も短絡的に捉えずによく考えるということである。冷静によく考えることで物事の筋道が見えるようになり、今なにをすべきか、逆になにをしてはいけないかなどが見えるようになるものである。

例えば目の前に怒っている人がいるとする。理由はよくわからないが厳しい態度でこちらを攻撃してくる。それを受けてこちらも焦り緊張する。こんなときどうすればよいだろう。厳しい態度で対抗するか、それとも逆にひたすら謝るか。そのどちらもよい方法ではない。厳しい態度はかえって相手の感情をエスカレートさせることになるだろうし、謝るだけというのも事態の根本的解決にならず相手は怒るだろう。ではどうするか。そもそも怒りは心理学的にいえば「防衛反応」の一つである。つまり、自分がないがしろにされていると感じる状況が発生していて、そこから自分を守るために「冗談じゃない！ 私はここにいる！ 私のことを見て！」と心が叫んでいる状態なのである。それが他者への攻撃的な態度となって表に出てきているのである。だとしたら、まず大切なことは相手の感情に振り回されず静かでいること、そして「この人はなにか困っているのだな」と受け止めることである。その上で「どうしたのですか？」と相手に近づき、寄り添う姿勢を見せることであろう。「なるほど、そうだったのですね」と

気持ちを聞くことで、相手の激情は徐々に鎮まり、互いに落ち着いた状態で話をすることができるようになるはずである。そして、なにか具体的な解決方法を見出したり提示したりできるに違いない。このように、今なにをどうするとどうなるかということを深く考え、見通し、間違ったことをせず正しいことをすること、そして自他ともに落ち着いて安心できる状況をつくっていく営みのことを総称して「智慧」というのである。

いささか長くなったが、慈悲についても説明しておきたい。慈悲は、慈（maitorī マイトリー＝友情・友愛）と悲（karuṇā カルナー＝同情・憐れみ）が合わさった言葉で、慈しみの心で物事を見つめ、悲しみを共有するということである。前述の例え話でいえば、「どうしたのですか？」とこちらから近づいていくことが慈であり、「なるほど、そうだったのですね」と受け止め共感することが悲であると考えればよいだろう。

ここで一つ気を付けなければならないことがある。それは智慧と慈悲を実践しようと努力する自分自身にも、先ほどの怒っている人と同じ防衛反応があるということを忘れてはならないということである。理不尽に攻撃を受けたとき、努力しているのになかなかわかってもらえないとき、一生懸命寄り添っているのに相手がそれに応えてくれないときなど、自分のなかにある防衛反応が無意識に頭を持ち上げる。無理解によって傷つけられた心を守るために、自分の心が「冗談じゃない！」と叫んでしまうのである。

そして相手を批判し、攻撃し、無視したりすることで、自分を守ろうとする。「私は悪くない。向こうが悪い！」と主張するのである。このときによく使われるのが「お互いさま」という言葉だろう。お互いさまの心は日本人の美しい文化のように言われることもあるが、互いの関係が良好なときには美しくすばらしい理念なのだが、関係がこじれてくると、互いに向こうのせいにして歩み寄らず、最悪な状況を生み出す考え方であるともいえるものである。

「自分は悪くない。自分は正しい。」そう思ってしまう心を、仏教はまさに執着と呼び煩悩と呼ぶ。この世は縁起であるから状況や環境によって価値観も考え方も変わり、絶対に正しいと言い切れるものはない。それなのに人は誰でも自分が正しいと思い込む。そもそもその自分自身だって自分以外のものに触れて日々変化している存在である。もっと深く考えれば、自分というもの自体が実体のよくわからないものなのである。なぜならこの命は両親二人からもらった命であり、日々いただいてきた食べ物の命であり、そして日々出会ってきた人々や出来事の影響の組み合わせによって形づくられているものだからである。それなのに人は皆自分は絶対だと信じ、自分に執着し、その執着が邪魔をして自らの智慧の目と慈悲の心を曇らせるのである。そして結果として事態を望まない方向へ導いてしまうのである。争いたくないのに争いが終わらない、仲よくしたいのに仲よくできないといった悩みは、そうやって終わりなく続いていく。

釈尊という人は、それを自分自身の力で断ち切ろうとした。己の弱い心を整え、物事を深く見つめることでこの世の縁起と諸行無常をさとり、自ら「防衛反応」を解除することで恨みや怒り憎しみなどを消し去り、安らかで平和な世界を築こうとされたのである。ちなみに仏教の大切な修行である「布施」は、こうした己の執着を手放していくための修行である。持っているものを捨て、手放し、人に与えることによって、執着を離れ、自他共に安らかな世界をつくろうとする願いや祈りがそこには込められているのである。

Ⅱ．絶対平等

仏教には「一切衆生　悉有仏性」という言葉がある。これは涅槃経というお経のなかに出てくる言葉で、この世の生きとし生けるものすべてのなかに等しく仏の種が宿っているという考え方である。つまり子どもだけでなく、保護者や保育者のなかにも仏の種が宿っていて、すべての人が等しく「仏の子」であるということである。これは言葉を換えれば、絶対平等の価値観に立つことと理解してよいだろう。大人が子どもに教えるという上下関係や一方通行の価値観ではなく、横並び・並列の価値観である。大人と子どもが一人の人間として対等に出会い、互いを尊敬し信頼し合うなかで、保育者は一人の先輩として自分自身の生き方を子どもに示し、子どもはそれを見て学びながら成長し、保育者自身もまたその子どもの姿を見つめることで己を振り返り、そのようにして互いが学び合って自己を完成させていくということである。このような絶対平等の価値観が仏教保育の真髄の一つであろう。これは、保育者と園児だけでなく、保育者と保護者、保育者同士の関係のなかでも同じことである。

Ⅲ. 因縁生起と諸行無常

物事にはすべて原因があり、それによって結果が生まれる。これを仏教の言葉で因縁生起（略して縁起）という。そして、原因が違えば結果も変わるのだからこの世には「絶対」というものはなに一つとしてない。物事はいつも一瞬一瞬変化して動いているのである。これを仏教の言葉で諸行無常という。

私たちの命は縁起であり、悩みや苦しみもすべて縁起である。釈尊は物事を常に理性的に分析し、悩みや苦しみの原因を自分の心のあり方のなかに求められた。そしてその原因を取り除くことで自らを安らかにする道を説かれたのである。

物事の見方を変え、心のもち方を変える。自分のなかにあるこだわりを捨て、いつも静かな心ですべての人や物事に向き合う。そして、自分自身が安らぎのもととなってそれを周囲に広げていく。そうやって誰もが求める安らかな世界をつくっていく。これが釈尊の説かれた道であり、釈尊の人生哲学である。

私たちは、常に自己を反省し、こだわりを捨てて自らがたいまつのように周囲を照らす人になりたいものである。現代社会は、人間の欲望の歯止めが効かずますます混迷を深めているように見える。次代を担う子どもを育てる教育の精神的基盤として、仏教の教えがますます重要度を増しているのではないだろうか。

Ⅳ. 保育は「過程」が大切

スポーツやビジネスの世界などでよく聞く言葉の一つに「結果が重要」とか「結果がすべて」というものがある。どんなにがんばったところでよい結果が出なければ意味がない、だから結果が出るようにがんばるといった文脈で使われるのだろう。いわゆる勝負の世界ではそれはそ

れでわからなくもないが、これを保育や教育の世界にもち込んで、結果主義・成果主義に重点を置いた保育を行おうとする人がいる。しかしよく考えてみてほしい。そもそも人間は一人ひとりみんな違うものであり、その人生は勝ち負けや優劣をつけるような勝負事ではない。他者と比較して優劣を争うような価値観のなかで育った子どもは、優劣や勝負に縛られ、苦しい人生を送ることにならないだろうか。

そしてもう一つ考えなければならないことは、人の一生の結果が必ず「死」だということである。人は必ず死ぬ。人は生まれた瞬間から死という結果に向かって生きている。そしてその「死」はいつどのように訪れるか誰にもわからない。だから結果を重視しても意味がなく、結果よりも過程、つまり死ぬまでの間の生ある日々を一人ひとりがどのように生きたかが重要になってくるのである。保育や教育は人を育てることであり、それは人の生き方を問うことであろう。一人ひとりの命はみな違い、それぞれの人生はどれもみな尊い。それを互いに見せ合い教え合うなかで、人間の理想像を探し求めていくことが、仏教の保育であり教育である。

3　仏教保育三綱領の心を深めよう

　仏教保育では、宗派の違いを超えて統一した三つの理念を掲げている。仏教保育三綱領と呼ばれているものである。ここではその一つひとつを詳しくみていくことにする。

I. 慈心不殺（生命尊重の保育を行おう）

　慈心不殺とは、なにごとに対しても慈しみの心で向き合い大切にするという意味である。

　私たちは誰でも自分が一番大事であり、日頃その大事な自分を守るために必死になっていると言ってよいだろう。でも、考えてみればそれは他の人も皆同じである。釈尊はそのことをよく理解されていた。だから、自分から誰かを傷つけることはやめようという教えを説かれたのだ。それは、たとえ自分が傷つけられたとしても自分から相手を傷つけることはしないという心の誓いである。自分を守るために相手を傷つけることを許せば、結局自分も同じ報いを受けることになり、悲しみを止めることはできなくなってしまう。だから、それを自分で止めることを教えられたわけである。つまり慈心は、仏道修行の基本中の基本ということになる。

　相手を大切にすることは、相手の命を大切にするということになる。ここから生命尊重という考え方が生まれてくる。仏教では、生きとし生けるすべてのものに仏性が宿ると考えており、人だけでなく動植物や物にも仏の命が宿っていると受け止めている。そしてその仏の命を生かし輝かせていこうとすることが、慈心不殺の保育、生命尊重の保育ということになるだろう。

II. 仏道成就 <ruby>仏道成就<rt>ぶつどうじょうじゅ</rt></ruby>（正しきを見て絶えず進む保育を行おう）

仏教は常に正しい生き方を求める。ただ、正しいとは一体どういうことなのか、わかりにくさもあるだろう。そのようなときは逆に、正しくないと感じることを挙げてみるとわかりやすくなる。人として正しくないこととはどのようなことだろうか。例えば、怒りに任せて人を傷つけること、嘘をつくこと、盗むこと、よこしまな気持ちで人と関わることなどが浮かんでくる。これらはきっと誰もが理屈抜きに正しくないと感じる事柄だろう。ということは、それと反対のことをすることが「正しい」ことの基準と考えてもよさそうである。人を傷つけず常に思いやりをもつこと、嘘をつかずいつも正直で

素直であること、盗まずいつも自ら与えること、よこしまな気持ちを捨ていつも平らな心で人と関わることなどである。こうした基本的なことをいつも忘れず、自分を反省しながら人間の理想像を求めて歩いていく道を「仏道」とよぶのである。そして、その実践の一つひとつのことを「成就」というのではないだろうか。

釈尊が到達された安らかなさとりの境地は、普通の私たちには果てしなく遠いものかもしれない。でも、実はそれは私たちの日々の一歩一歩の実践のなかに宿るものなのである。常に慈しみの心を忘れず、間違えたり失敗したりしてもくじけず、いつも己を反省しながら人の道を求め続けること自体が、実はさとりそのものなのかもしれない。

Ⅲ. 正業精進 (しょうぎょうしょうじん) （よき社会人をつくる保育を行おう）

精進という言葉は日常生活でもよく使われる言葉だが、これはもともと古いインドの言葉（サンスクリット）の vīrya（ヴィーリヤ）が語源となっている。勇気とか勇猛という意味がある。つまり正業精進というのは、正しい道を勇気をもってコツコツ実践する、といった意味になるだろう。

仏道成就 (ぶつどうじょうじゅ) の欄で記したように、仏教はいつも私たちに正しい考え、正しい言葉、正しい行いなどを問いかけ、その実践を求めてくる。それは、わがままで自分勝手な弱い自分と戦うということである。誰もが自分を守るのに必死で、そのために人を傷つけてもかまわないと考えたり、そのような心理や行動を正当化したりする

ことが、世の中にはたくさんある。しかし、もし本当に安らかで幸せな世界の実現を願うなら、まずここにいる自分自身がそれをやめていくしかないのではないだろうか。それは、たとえ自分が傷つけられたとしてもである。自分が傷つけられても他を傷つけることはしないという誓いを守り通すには、やはり相当な努力や勇気が必要となってくる。仏教は、厳しく苦しい社会にあっていつも清らかなともし火となって周囲を照らし、安らかな心を広げていくような人を育てる教えである。よき社会人をつくる保育というのは、そういう子どもを育てていくということである。それこそが「正しい保育」に違いない。

（戸田了達）

16

第2講

教育の目的と仏教保育

安藤和彦

山上憶良は『子等を思ふ歌』に、「銀も金も玉も何せむに勝れる宝子にしかめやも」（万葉集巻五より）とうたっている。

これは、生産力が低かった律令体制下の一般民衆の生活をうたったものであり、その影響下にあった子どもがおかれていた様子がうかがえ

る。時代が変われど親が子を思う情に軽重はなかったであろう。子どもは、いつの時代も宝である。

さて、本章では今日の子どもに対する日本社会のあり方を考えてみることにしたい。

1 教育基本法の定める「教育の目的」

まず、教育基本法を見れば、「教育の目的」について次のように規定されている。

第1条（教育の目的）

教育は、人格の完成を目指し、平和で民主的な国家及び社会の形成者として必要な資質を備えた心身ともに健康な国民の育成を期して行われなければならない。

この条文を整理すると、教育の目的は、

1．人格完成

2．平和で民主的な国家及び社会の形成者の育成

3．心身ともに健康な国民の育成

ということになる。

次に「教育基本法」以外の保育に関わる関連法で、幼稚園、保育所、幼保連携型認定こども

園の各々の目的を見てみることにする。

まず、「学校教育法」の第三章には幼稚園の目的として、「幼稚園は、義務教育及びその後の教育の基礎を培うものとして、幼児を保育し、幼児の健やかな成長のために適当な環境を与えて、その心身の発達を助長することを目的とする」としている。また、「児童福祉法」の第39条には、保育所の目的が次のように規定されている。「保育所は、保育を必要とする乳児・幼児を日々保護者の下から通わせて保育を行うことを目的とする施設とする」。さらに、第39条の2には、幼保連携型認定こども園の目的が規定されている。「幼保連携型認定こども園は、義務教育及びその後の教育の基礎を培う

ものとしての満三歳以上の幼児に対する教育及び保育を必要とする乳児・幼児に対する保育を一体的に行い、これらの乳児又は幼児の健やかな成長が図られるよう適当な環境を与えて、その心身の発達を助長することを目的とする施設とする」とされている。ここでわかるように幼保連携型認定こども園の目的は、幼稚園の目的と保育所の目的が合わさったものである。

また、「児童福祉法」の総則に、児童福祉の理念（第1条）と原理の尊重（第3条）が示されている。まず児童福祉法の理念とは、

「全て児童は、児童の権利に関する条約の精神にのつとり、適切に養育されること、その生活を保障されること、愛され、保護されること、その心身の健やかな成長及び発達並びにその自

立が図られることその他の福祉を等しく保障される権利を有する」と規定されている。「児童の権利に関する条約の精神にのつとり」子どものことを考えることの必要性を述べているのである。

さらに、原理の尊重として、「前二条に規定するところは、児童の福祉を保障するための原理であり、この原理は、すべての児童に関する法令の施行にあたつて、常に尊重されなければならない」とある。この考えは、「児童福祉法」の限られた範囲ではなく、「教育基本法」や「学校教育法」等のすべての児童に関する法令の施行に影響を与えている。これらに通じて現行法令の「こども観」を再確認することが重要である。

2 宗教教育と仏教保育

教育基本法には、宗教教育について「宗教に関する寛容の態度、宗教に関する一般的な教養及び宗教の社会生活における地位は、教育上尊重されなければならない」、また「国及び地方公共団体が設置する学校は、特定の宗教のための宗教教育その他宗教的活動をしてはならない」と規定されている。このことからすれば、仏保園（私立）では、宗教教育（保育）を行うことは認められている。仏保園は利用者により選択されるようになった。

保育に宗教の教義等を取り入れている、いわゆる「宗教保育」というものがある。日本では主に仏教保育、キリスト教保育、神社（神道）保育といわれるものである。各々について、簡

単に見ていきたい。

まず、キリスト教保育についてみていこう。

子ども一人ひとりが神によっていのちを与えられたものとして、イエス・キリストを通して示される神の愛と恵みのもとで育てられ、今の時を喜びと感謝をもって生き、そのことによって生涯にわたる生き方の基礎を培い、共に生きる社会と世界をつくる自律的な人間として育つために、保育者が、イエス・キリストとの交わりに支えられて共に行う意図的、継続的、反省的な働きである

【出典】『新キリスト教保育指針』キリスト教保育連盟

次に、神社保育についてもみていこう。

神社保育の幼稚園・保育園には"鎮守の森"
があります。子どもたちにとって、森は不思
議な国の入口。太陽や風も、森の中にいると
いつもと違って感じられます。木や草や石こ
ろ、それに虫たちと遊ぶのもとても楽しくて
気持ちがいいですよ。森を探検してみましょ
う。今まで出会ったこともないようなワクワ
クする遊びがたくさん待っています。
わたしたちは昔から、山、川、海、森など、自
然の中に神の偉大な力を感じながら暮らして
きました。鎮守の森の"鎮守"とは、一定の
土地に住む人々や建物をお守りする神さまの
こと。子どもたちは、神さまの森で思いっき
り遊ぶことによって、自然を大切にする心、
自然とともに生きる心を学んできました。
子どもの遊び場がどんどん減っていく中で、
鎮守の森は本当に貴重な場所です。豊かな心
を育てるためには、自然が何よりの先生なの
ですから。

【出典】全国神社保育団体連合会 HP

仏教保育全体については、本書を通じて学ぶ
こととなるが、ここでは仏教保育の目指すもの
（理念）を簡単に紹介する。日本仏教保育協会
では、仏教保育の根元として示しているのが、
仏教保育三綱領である。

「慈心不殺—生命尊重の保育を行おう—明るく」
「仏道成就—正しきを見て絶えず進む保育を
行おう—正しく」
「正業精進—よき社会人をつくる保育を行お
う—仲よく」

これは、仏教の三宝帰依すなわち、仏・法・
僧に帰依することに基づいている。

3 保育の内容と仏教保育

保育の内容を実践するにあたり、仏保園の理
念を基本とすることが大切である。保育の内容
については、「保育所保育指針」等に示されて
いて、保育の目標を達成するために具体的に示
されたものである。右に示したような「5領域」
といわれるものがあり、各々の領域は、「ねらい」
と「内容」から構成されている。

① 心身の健康に関する領域「健康」
② 人との関わりに関する領域「人間関係」
③ 身近な環境との関わりに関する領域「環境」
④ 言葉の獲得に関する領域「言葉」
⑤ 感性と表現に関する領域「表現」

「領域は、それぞれが独立した授業として展開される小学校の教科とは異なるので、領域別に教育課程を編成したり、特定の活動と結び付けて指導したりするなどの取扱いをしないようにしなければならない」（文部科学省『幼稚園教育要領解説』）とされている。

幼稚園、保育所、幼保連携型認定こども園には、各々「幼稚園教育要領」「保育所保育指針」「幼保連携型認定こども園教育・保育要領」がある。その内容について、「保育所保育指針解説」には、次のように説明されている。「保育所保育指針は、厚生労働大臣告示として定められたものであり、規範性を有する基準としての性格をもつ。保育所保育指針に規定されている事項は、その内容によって、①遵守しなければならないもの、②努力義務が課されるもの、③基本原則にとどめ、各保育所の創意や裁量を許容するもの、又は各保育所での取組が奨励されることや保育の実施上の配慮にとどまるものなどに区別される」としている。

それにより、保育実践の基本をバックボーンとして考えるとともに、そのあり方についても参考にできるよう紹介しておく。

次に養護の理念だが、「保育における養護とは、子どもの生命の保持及び情緒の安定を図るために保育士等が行う援助や関わりであり、保育所における保育は、養護及び教育を一体的に行うことをその特性とするものである。保育所における保育全体を通じて、養護に関するねらい及び内容を踏まえた保育が展開されなければならない」と保育所保育指針に示されている。

ただ、ここで注意しなければならないのは、この文章だけを見ると、幼稚園には、「養護」がないように誤解するおそれがある。全ての就学前保育の場には、「教育」と「養護」が一体的に行われている。

さらに、より具体的に内容を示したものとして、厚生労働省による「放課後児童クラブ運営指針解説書」に「求める水準に応じた文末表現とその説明」が示されている。参考として載せておくので、関わりのある指針等を保育関係者は一行一行あたってみてほしい。

求める水準に応じた文末表現とその説明

水準	表現	説明
必須	・必要です ・必要があります ・必要になります ・必要なことです ・しなければなりません	・法令、基準にあること ・指針で必須の記述になっていること ・安全や危機管理に関すること等、すべての放課後児童クラブにおいて必ず実施することが求められること
努力	・求められます ・努めなければなりません ・努める必要があります	・放課後児童クラブにおいて可能な限り実施することが求められること
尊重	・大切です ・重要です	・実施に当たって大事なこととして尊重することが求められること
	・望まれます ・期待されます	・可能であれば実施が期待されること
選択	・考えられます	・実施に当たって取組の選択肢として考えられること

【出典】厚生労働省『放課後児童クラブ運営指針解説書』

4 子育て支援と仏保園

　子ども個人の成長・発達を考えるとき、環境と個人との相互関係によって子どもは成長しているという視点が大切である。いわゆる保育ソーシャルワークの視点が重要である。

　ソーシャルワークとは、相談支援のことだが、保育者も保護者から子育て等について相談されることがあると思う。子どもたちを取り巻く環境の多様化のなか、子育て家庭が置かれる環境も複雑である。仏保園等でも地域全体の子育て支援の役割が期待されている。そこで地域社会における仏保園の役割を、あらためて確かめてみることも必要である。地域に根ざした、地域と結びついた仏保園では、子どもや保護者を支援するだけでなく、見捨てない立場が必要であろう。

　なお、これらの実践内容の基盤として、仏保園には仏教理念が存在するのである。特に仏保園では、その特性から地域社会との連携をより進めることが、地域社会の再形成のためにも重要になっている。

　このことは、地域における「子育て支援」を考えるときにも大切になってくる。国や地方自治体では、重層的支援体制整備事業を行い、地域共生社会の実現に向けて取り組み、地域包括支援事業を行っている。

　地域共生社会とは、制度や分野ごとの「縦割り」「支え手」「受け手」という垣根を越えて、地域住民や地域の多様な主体が参画し、人と人、人と資源（さまざまな取組みや制度、ボランティアなど）が、世代や分野にかかわらずつながることで、住民一人ひとりの暮らしと生きがい、地域をともにつくっていく社会のことである。

　その地域共生社会の実現については、

① 地域課題の解決力の強化
② 地域丸ごとのつながりの強化
③ 地域を基盤とする包括的支援の強化
④ 専門人材の機能強化・最大利用

の4つの柱に沿って進めることとされている。

　地域包括体制を創造するために、仏保園の果たす役割は大きいと思われる。

5 持続可能な開発目標 (SDGs)

持続可能な開発目標（SDGs）は、2015 年 9 月の国連サミットで全会一致で採択された。

「誰一人取り残さない」 持続可能な多様性と包摂性のある社会の実現のため、2030 年を年限とする 17 の国際目標をかかげている。国際的レベルで、環境の問題を議論するときにきている。17 の目標を挙げておく。特に 4 の「教育」については、保育関係者は特に関心をもってほしい。

1．貧困
2．飢餓
3．保健
4．教育
5．ジェンダー
6．水・衛生
7．エネルギー
8．経済成長と雇用
9．インフラ・産業化・イノベーション
10．不平等
11．持続可能な都市
12．持続可能な生産・消費
13．気候変動
14．海洋資源
15．陸上資源
16．平和
17．実施手段

そして次の 5 項目が基本原則とされている。

◎普遍性　先進国を含め、全ての国が行動
◎包摂性　人間の安全保障の理念を反映し
　　　　　　「誰一人取り残さない」
◎参画型　全てのステークホルダーが役割を
◎統合性　社会・経済・環境に統合的に取り組む
◎透明性　定期的にフォローアップ

（外務省HPより）

6 「児童の権利に関する条約」と 保育実践

　一般的には、条約は憲法の下位にあり、法律の上位に位置づけられる。条約が批准されれば、その国の法律を拘束することになると考えられている。

　「児童の権利に関する条約」は、「子どもの権利条約」とも呼ばれ、子どもの基本的人権を国際的に保障するために 1989 年の国連総会で採択された。現在では日本を含めた世界で多くの国と地域が締約している国際的な条約である。

　日本ユニセフ協会は、40条からなるこの条約を大きく 4 つの権利に分類している。

1. 生きる権利
2. 育つ権利
3. 守られる権利
4. 参加する権利

である。

　また「こども基本法」は、日本国憲法及びこの権利条約に基づき、2023 年に施行された。

　概要には、「日本国憲法及び児童の権利に関する条約の精神にのっとり、次代の社会を担う全てのこどもが、生涯にわたる人格形成の基礎を築き、自立した個人としてひとしく健やかに成長することができ、こどもの心身の状況、置かれている環境等にかかわらず、その権利の擁護が図られ、将来にわたって幸福な生活を送ることができる社会の実現を目指して、こども施策を総合的に推進する」と書かれている。

　また基本理念として、

① 全てのこどもについて、個人として尊重されること・基本的人権が保障されること・差別的取扱いを受けることがないようにすること

② 全てのこどもについて、適切に養育されること・生活を保障されること・愛され保護されること等の福祉に係る権利が等しく保障されるとともに、教育基本法の精神にのっとり教育を受ける機会が等しく与えられること

③ 全てのこどもについて、年齢及び発達の程度に応じ、自己に直接関係する全ての事項に関して意見を表明する機会・多様な社会的活動に参画する機会が確保されること

④ 全てのこどもについて、年齢及び発達の程度に応じ、意見の尊重、最善の利益が優先して考慮されること

⑤ こどもの養育は家庭を基本として行われ、父母その他の保護者が第一義的責任を有するとの認識の下、十分な養育の支援・家庭での養育が困難なこどもの養育環境の確保

⑥ 家庭や子育てに夢を持ち、子育てに伴う喜びを実感できる社会環境の整備

が挙げられている。

そして「こども基本法」に関する主なキーワードとして、次のようなことが示されている。

・こどもまんなか社会の実現
・こどもの視点、こどもの意見の政策への反映、こどもの最善の利益の優先考慮
・全てのこどもの健やかな成長支援、誰一人取り残すことのない支援
・こどもと子育て家庭の支援、こどもの権利利益の擁護
・地方自治体との連携強化、市民社会との積極的な対話・連携・協働
・制度、組織、年齢による「壁」の克服

等である。

以上の「条約」「こども基本法」などをふまえ、「子どもが権利の主体」であると考えた場合、保育者の取るべき態度についてみてみる。

保育者は、専門職として社会的に位置づけられている。専門職として、必要な要素として、例えば価値・知識・技術・能力などが考えられる。価値の内容としては、倫理・態度等が挙げられる。専門職として他の職業と区別され、「職業倫理綱領」をもっている。例えば、保育士については、「全国保育士会倫理綱領」があり、次の通りである。

《全国保育士会倫理綱領》

すべての子どもは、豊かな愛情のなかで心身ともに健やかに育てられ、自ら伸びていく無限の可能性を持っています。

私たちは、子どもが現在（いま）を幸せに生活し、未来（あす）を生きる力を育てる保育の仕事に誇りと責任をもって、自らの人間性と専門性の向上に努め、一人ひとりの子どもを心から尊重し、次のことを行います。

・私たちは、子どもの育ちを支えます。
・私たちは、保護者の子育てを支えます。
・私たちは、子どもと子育てにやさしい社会をつくります。

① 子どもの最善の利益の尊重

私たちは、一人ひとりの子どもの最善の利益を第一に考え、保育を通してその福祉を積極的に増進するよう努めます。

② 子どもの発達保障

私たちは、養護と教育が一体となった保育を通して、一人ひとりの子どもが心身ともに健康、安全で情緒の安定した生活ができる環境を用意し、生きる喜びと力を育むことを基本として、その健やかな育ちを支えます。

③ 保護者との協力

私たちは、子どもと保護者のおかれた状況や意向を受けとめ、保護者とより良い協力関係を築きながら、子どもの育ちや子育てを支えます。

④ **プライバシーの保護**

　私たちは、一人ひとりのプライバシーを保護するため、保育を通して知り得た個人の情報や秘密を守ります。

⑤ **チームワークと自己評価**

　私たちは、職場におけるチームワークや、関係する他の専門機関との連携を大切にします。また、自らの行う保育について、常に子どもの視点に立って自己評価を行い、保育の質の向上を図ります。

⑥ **利用者の代弁**

　私たちは、日々の保育や子育て支援の活動を通して子どものニーズを受けとめ、子どもの立場に立ってそれを代弁します。また、子育てをしているすべての保護者のニーズを受けとめ、それを代弁していくことも重要な役割と考え、行動します。

⑦ **地域の子育て支援**

　私たちは、地域の人々や関係機関とともに子育てを支援し、そのネットワークにより、地域で子どもを育てる環境づくりに努めます。

⑧ **専門職としての責務**

　私たちは、研修や自己研鑽を通して、常に自らの人間性と専門性の向上に努め、専門職としての責務を果たします。

社会福祉法人　全国社会福祉協議会
全国保育協議会
全国保育士会

　これは保育士のための倫理規定だが、幼稚園・こども園であっても同じである。

　この倫理綱領をふまえて、仏保園での保育実践あるいは保育者の実践について参考にしてほしいのは、『雑宝蔵経（ぞうほうぞうきょう）』にある「無財の七施（むざいのしちせ）」と言われる教えである。

① 「和顔施（わげんせ）」：にこやかなほほえみをたたえた顔で接する

　　「和顔悦色施（わげんえつじきせ）」：にこやかな顔で接する

② 「眼施（げんせ）」：やさしいまなざしで人に接する

③ 「心施（しんせ）」：他のために心をくばる

④ 「言辞施（ごんじせ）」：やさしい言葉で接する

⑤ 「身施（しんせ）」：自分の身体でできることで奉仕する

⑥ 「房舎施（ぼうじゃせ）」：自分の家を提供する

⑦ 「床座施（しょうざせ）」：席や場所を譲る

（読み方は、宗派によって多様であります）

　この七つの施しを、保育の場に当てはめて実践してほしい。

　仏教保育は、その魂にあり、すべてのことが、「合掌に始まり合掌に終わる」ように努めたいものである。

（安藤和彦）

第3講

仏教保育の目指すもの

安井昭雄

1 仏教保育三綱領と徳目

第1講の「仏教保育三綱領」で、仏教保育内容の基本的な構造の説明があったが、この第3講では、月の徳目（ねらい）とその内容を考察する。

仏教保育三綱領の中心は「慈心不殺」であり、「慈心を育てること」が中核となる。次の「仏道成就」は、「幼児も保育者もほとけさまの教えを守って努力すること」、また「正業精進」[注1]は、「将来、よい仕事（業務）ができる社会人になること」で、そのためには、手足や身体を積極的に動かし、よい知恵を働かせ、個人でも集団のなかでも、お互いに仲よく協力し合い、よいクラスを形成していくのが、その内容である。

三綱領の実践としての各月の徳目は、次に述べるように月々の特徴に合ったかたちで「月のねらい」として組み立てられている。

毎月の徳目を表1（P.30）に具体的に示す。乳児や低年齢の幼児に関しては、その時々の状況や個人差に応じた設定が必要となることはいうまでもない。

徳目の実践にあたっては、保育者がしっかりとした理念をもってあたることが大切であるが、同時に集団の保育の場としての特質を生かし、子ども同士で教えあったり、自ら気づくよう環境を整えていきたい。例えば「たてわり」の保育のなかで5歳児が3歳児の世話をしたり、モデルとなって行動することで、保育者が教え示す以上の効果が得られることもある。

（注1）
「正業精進」は「しょうぎょうしょうじん」と読む。六波羅蜜の1つとしての「正業」は「しょうごう」と読むが、ここでは幼児の社会性を育て、将来よき社会人として正しく生き、業務を全うする人となることを願う意味で業務の「ぎょう」と読むよう、日本仏教保育協会の第2代会長の椎尾弁匡先生、第3代理事長の古屋道雄先生ともどもに提唱している。

2 各月の徳目

4月「合掌聞法」（がっしょうもんぽう）　仏教行事：降誕会（花まつり）（ごうたんえ）（P.52参照）

　人と人とが関わる第一歩は「あいさつ」である。仏教でのあいさつは手を合わせ「合掌」することであり、「おはようございます」「こんにちは」「ありがとうございます」「ごめんなさい」「よろしくお願いします」「さようなら」など、すべてに合掌が伴う。合掌するということは、「この姿のままで、敵意はもっていません」という心を表し、同時に、相手の人の意思をそのまま静かに聞く姿勢につながり、自然に頭が下がる気持ちになってくる。この気持ちはとても大切であり、現代では、他人の話を聞かないで、自己中心的に振る舞うことが多く見られるように思われるだけに、たいへん必要なことである。縁あって仏保園（仏教保育を行っている保育園・幼稚園・こども園）で、ともに育つ者同士として、新年度を迎えたことを契機に、謙虚に手を合わせることから始めたい。

5月「持戒和合」（じかいわごう）

　「きまりや遊びかたのルールやお約束を守って、仲よく元気に遊びましょう」ということである。子どもたちが園生活に少し慣れてきたころだけに、4月中旬あたりから5月ごろにかけて、遊び方のきまりを守らなかったり、冒険心から行き過ぎた行動をとるようになることもある。新入園児ばかりでなく5歳児にも、遊び方や遊具の使用法などについてあらためて伝える必要がある。

　新入園児には、基本的生活習慣が身につくよう関わり、また、集団でのあそびにはきまりがあることを、わかりやすく優しく伝えるようにしたい。

　4・5歳児には、仲よく遊ぶためには、交代で順番を守って遊ぶ、あるいはルールがある方が楽しく遊べることに気づくようにし、さらに3歳児の手本として行動することの大切さを伝えていきたい。

表1 仏教保育1年間のねらい

	徳目	解説
4月	合掌聞法 （がっしょうもんぼう）	仏法僧の三宝を敬う姿が合掌である。静かに手を合わせて仏の教えに耳を傾け、自分自身を大切にするとともに、他者を敬い、相手の話にもよく耳を傾け、誰もが安心で健やかな生活を送れるよう心がけていこう。
5月	持戒和合 （じかいわごう）	新生活に慣れ自分を出せるようになってくると、その反面身勝手な部分も出てくるものである。集団生活の第一歩として約束やルールを守ることを大切にし、みんなが互いに気持ちよく過ごせるよう心がけよう。
6月	生命尊重 （せいめいそんちょう）	自分のいのちだけでなく他のいのちをも等しく大切にする心を育てるとともに、生きもの以外のものにもすべていのちが宿ることを教え、なにごとも大切にする心を育てよう。身近な生きものに関心を持つと同時にいたわる心を忘れないようにしよう。
7月	布施奉仕 （ふせほうし）	親切は、される側が嬉しいだけでなくする側も嬉しいものである。この心地よい貴重な喜びを少しでも多く体験できるよう心がけていこう。いつでも誰に対しても等しく親切にすることが、社会を明るくすることを子どもたちに知らせよう。
8月	自利利他 （じりりた）	困っている人を見つけたときはその人の気持ちになって助けてあげる親切な心を持つようにしよう。人の力になれることはとても幸せなことである。他人への親切を自分の喜びにできるような心を育てていこう。
9月	報恩感謝 （ほうおんかんしゃ）	わたしたちはたくさんの人の力や自然のめぐみに支えられて生きている。日々の食事も、仕事も遊びも生活も、自分ひとりで成り立っているものは何もない。そのことに気づき、いつも社会や自然に感謝できる心を育てよう。
10月	同事協力 （どうじきょうりょく）	他人と一つのことに取り組んで苦楽を共にすることは、安心や信頼関係を育む基礎となる。またみんなで協力することによって、一人ではできないような大きなことを成し遂げることもできる。助け合うことが大きな力になることを意識しよう。
11月	精進努力 （しょうじんどりょく）	どんなに良いことでも途中でくじけては実らない。なにごともコツコツと地道に努力することが大切である。そしてそのために自分の体調を整えることも大切である。終わりまでねばり強くやり遂げ、充実感を味わう習慣を身につけよう。
12月	忍辱持久 （にんにくじきゅう）	日々の生活や友達との関わりにおいて、嫌なことや辛いことは必ず起きるものである。意に沿わないからといってすぐに怒ったり反発したりするのではなく、心を落ち着けてじっくりと向き合うことを大切にしよう。
1月	和顔愛語 （わげんあいご）	心のこもった優しい笑顔や温かい言葉は、人間関係のなかで安心や信頼を育む基礎となるものである。寒いとき、つらいとき、悲しいことがあったときなども、いつも優しく穏やかな態度を忘れないようにしよう。
2月	禅定静寂 （ぜんじょうせいじゃく）	一年間のなかでもっとも安定するこの時期に、改めて自分を振り返って静かに考える時間をもつようにしよう。なにごとも心静かにじっくり考え、いつも正しい行動ができる自分をつくれるよう心がけよう。
3月	智慧希望 （ちえきぼう）	ものごとを深く考えることによって次に取り組むべき道が見えてくる。それは明るい未来を作る希望の道である。よく遊び、よく学び、よく考え、自分をとりまくすべての人たちとともに幸せな社会を生み出せるよう努めよう。

年齢別各月の保育のねらい			
2 歳 児	3 歳 児	4 歳 児	5 歳 児
・泣かないで登園する。	・喜んで登園し、あそびを楽しむ。	・合掌・礼拝の生活習慣を身につけながら園生活を楽しむ。	・進級した喜びと自覚をもって生活する。
・簡単なきまり、約束を知り、園生活に慣れる。	・あそびの中で基礎的なきまり、約束を知る。	・集団生活のきまり、約束を身につけ、仲よく遊ぶ。	・きまり、約束を守って仲よく園生活を楽しむ。
・身近な小動物と親しむ。 ・衛生に注意する。	・身近な小動物や植物に関心をもち、見たり触ったりする。	・動物、植物をかわいがる。 ・衛生習慣を身につける。	・愛情をもって、動植物の世話をする。 ・よい衛生習慣を守って生活する。
・できることを自分からしてみる。	・友達と仲よく一緒に遊ぶ。水あそびのやくそくを知る。	・困っている友達を見つけたら手助けする。水あそびのやくそくを守る。	・どの子にも親切にし、一緒に遊んだり、生活したりする。水あそびのやくそくを守る。
・暑さに負けず、あそび（水あそび）を楽しむ。	・暑さに負けず、夏のあそび（水あそび）を喜んでする。	・暑さに負けず、水あそび等の経験を十分にする。	・夏のあそびを通じて、健やかな身体づくりをする。
・身体をよく動かし、活発に遊ぶ。	・季節の変化に気づきながら、園生活を楽しむ。	・季節の変化を体験し、安定した園生活を送る。	・身近な社会の中で、いたわりと感謝の気持ちをもつ。
・みんなと一緒の活動に参加し、楽しむ。	・友達と仲間を作って遊ぶ。	・グループで、いろいろな活動をする。	・お互いに助け合って、いろいろな活動を楽しむ。
・友達といろいろなことをして遊ぶ。	・遊んだあとをきちんと片づける。	・始めたら、最後までやりとげようとする。	・活動をやりとげる喜びを味わう。
・冬の衛生習慣を身につける。	・お釈迦さまに親しみ、成道会に参加する。	・お釈迦さまの話に親しみ、その教えを知る。	・お釈迦さまの教えを生かそうと努めながら生活する。
・寒さに負けず、元気に遊ぶ。	・友達と楽しく話し合いながら、元気に遊ぶ。	・話し合いを大切にし、みんなと仲よく遊ぶ。	・正しい言葉づかいと優しさをもって話し合い、いろいろな活動をする。
・ごっこあそびを楽しむ。	・友達と仲よくして、落ち着いて遊ぶ。	・友達と協力して、落ち着きのある生活をする。	・友達との生活をよく考え落ち着いて行動する。
・進級することを喜び、楽しく生活する。	・進級への期待をもち、楽しく生活する。	・年長児になる喜びを味わいながら、伸び伸びと生活する。	・入学する期待をもって、主体的に行動する。

0～1歳児は月齢による発達段階の差が著しく、一律にカリキュラムを組むことは難しいため、掲載しておりません。

6月「生命尊重」
せいめいそんちょう

　春から初夏にかけて、動植物の成長が盛んになる。新しい生命の息吹を観察するには絶好の時期である。草木の古葉と新芽の交代、花ではつぼみから開花などを見せ、アゲハチョウなどの昆虫では卵から幼虫、成虫への変態の観察など、またカエルの卵、オタマジャクシへの変態、さらには、鳥類、哺乳類などの出産や子育てなど、動植物の生命の不思議さなどを実感できるようにしたい。

　保育者自身もこうした生命の神秘に心ときめかせ、感動する人であってほしい。園児とともに素直に喜び感激することが「生命尊重」の保育の第一歩である。雑草のなかにも小さなかわいい花を咲かせているものもあり、虫メガネなどで小宇宙の神秘性にも目を向けてもらいたい。また、イネや野菜などの栽培と世話を通して、人間をはじめとして他の動植物の生命を支えている水や日光の大切さについてもぜひ伝えていきたい。

7月「布施奉仕」
ふせほうし　　仏教行事：盂蘭盆会（魂まつり）
うらぼんえ　たま　　　　　（P.58参照）

　相手のためになることなら、なんでも施す（提供する）というのが「布施」の意味で、物品の提供はもちろん、労力の提供でも、勇気づけやアイデアの提供などもこれに含まれる。布施の「布」は「あまねく」という言葉に通じ、「なんでも」という意味である。

　「奉仕」は奉仕活動ということで、見返りを期待しないで尽くすことをいい、日常よく使われるとおりである。布施と奉仕に共通する大切なことは、親がなにくれとなく小さな子どもの世話をしている姿に代表される「自発的行為」である。現実には自発的にではなく他人から言われてはじめて行うことも少なくないのだが、このことを頭から否定してはならない。思いもかけずに「お礼」を言われることで、よいことをしたことの喜びを味わうことはよく体験することであり、自発的行為への契機につながるからである。したがって、幼児からの布施奉仕に対して保育者は、どんな契機や動機であっても、率直に謝意を述べることから始めたい。

8月「自利利他」 仏教行事：盂蘭盆会（魂まつり）（P.58参照）

　自己の利益よりも、他人の利益を優先してとり計らうという仏教特有の考え方である。他の人に対し「徳を積む」あるいは「徳行（善行）を数多く行う」ことがそのまま「自分にとって善いこと」つまり「自利」になるのである。他人に利することが結果として自利になるのであって、その逆ではない。すなわち自利を得ることを目的として利他をするのではない。まして「自分の利益になるよう、他人を利用しよう」と考えてはいけない。

　さらに言えば、同じ徳を積むにも「陰徳」といって、人知れず徳を積むことが最も尊い行為になる。「ほとけさまと自分だけが知っている」という善行こそ尊いということである。たとえば「縁の下の力持ち」という言葉がある。表立たない援助、さりげない心配り、なすべきことを淡々と遂行するなどである。

　幼児のこのような「陰徳」に対しては、あからさまにほめたりせずに、ニコッと笑顔で返し、謝意を必ず表すことが必要である。

　保育者としては、園児に対してはもちろん、同僚や保護者に対しても何か不足に気づいたとき、そっと手を差しのべて援助する、他の人の気づかないことをそっと忠告する、なにげなくアイデアを出すなど、「自利利他」の場面はたくさんある。

9月「報恩感謝」 仏教行事：彼岸（P.60参照）

　わたしたちの住むこの世界は、自然界と社会（法律、政治、経済、歴史、文化など）から成り立っている。一人ひとりの人間は、多くの関連性（つながり、仏教でいう「縁起」）をもってはじめて生活ができるのである。例えば、お米や野菜等を考えてみても、太陽、空気、水、大地、肥料、農作業、管理、運送、販売、購入、調理、等々を経て、はじめて食べられるのであって、このどれか一つが欠けても食べることはできない。食べ物以外の衣料、住居、地域・社会、教育・文化等も考えると、同じように数知れない多くの人やものの「おかげ（ご縁）」で生活が成り立っていることに気づかされる。

　園児も保育者もともに「おかげ」への感謝の気持ちを日々もって生活すると同時に、幼児が社会の一員であることを自覚し、自発的な感謝の心が育つよう、園または家庭、地域社会のなかでできるそれなりの役割を与えたい。すなわち、お当番やお手伝いの機会を用意し、このことを通して、お互いが助け合い支え合って生きていること、その恩恵に少しでも応える気持ちを育てることへとつなげていきたい。

　保育の場での当番活動により、実際の体験から、物品を大切に扱うこと、感謝して食べること、着ること、さらに、太陽、空気、雨水、大地など、自然界からの恩恵があることに気づいていくであろう。

　また、普段のごっこあそびのなかにも「報恩感謝」はある。例えばままごとでの家事、あるいはお店やさんごっこでの職業の模倣あそびは、いずれも生活を潤し、豊かにするような総合的な業務の内容とその意味を、あそびを通して学び、身につけ、「ありがとう」「どういたしまして」の心が育つ格好の活動である。

10月「同事協力」

　暑さも一段落し天候も落ちついて動きやすい季節になるので、「運動会シーズン」でもある。団体競技など全員が一致協力して、大規模な活動をすることにより、幼児でもそのダイナミックな動きに対する興味もだんだんわいてくるようになる。さらに徒競走（かけっこ）のように競争することのおもしろさを味わうと、練習するごとに上手になっていくものである。特に5歳児クラスは前年度の体験があればなおのこと、数回の練習で上手になる。この5歳児のかけっこや遊戯などを3・4歳児クラスが見て、おおよその雰囲気をつかんでくるようになったり、競技等への興味や意欲をもつようになると、日ごとに上手になっていくのがわかる。これも立派な同事協力である。ただ、3歳児クラス（さらに0・1・2歳児クラス）の子のなかには、興味・関心が別のほうへ向いたりしてしまう子もいるが、いろいろな参加の姿があるので、皆が楽しく一つの行事に参加する、ということが大切である。

　なお、ピストル使用については、怖がる子が目立つ場合は、笛を使用するなどして恐怖心をもたせないようにぜひ配慮してあげてほしい。この運動会の経験は、これ以後、園児同士で"運動会ごっこ"がしばらく続くことがある。年度としても後半に入るわけで、この時期、園児たちは一段と伸長していくことが多い。この伸長は運動能力ばかりではなく、他のさまざまな能力にも及ぶことが少なくない。

11月「精進努力」

　前月のねらいに引き続き、今月は「健康」「表現」など、多方面でいろいろな能力を伸ばす機会が多い。伸びてきたものはさらに伸ばす方向へ、また、伸び悩んでいるような場合は、一生懸命に取り組み続けるように励ますことが必要である。保育者のあたたかい励ましの言葉は子どもにとって、なによりの「心の支え」になる。秋も深まり、日ごとに、自然の変化・変容を感じていくなかで、その子に合ったなにか興味のあるもので、永続性のもてそうなものを見つけ出してあげることが大切である。隠れた興味・能力を見出し、それを上手に伸ばしていくことも大切なことである。

12月「忍辱持久」仏教行事：成道会（P.53参照）

このころになると寒さも一層増してくるので、どうしても動きが鈍くなりがちになる。氷や雪の便りも聞かれるようになり、冬を感じさせる。冬には冬のよさがあり、自然の変化、衣服の変化などがある。一方で、体の動きが鈍くなることによる事故や健康に十分気をつけることも必要である。それには、寒さに負けない体と気持ちが大切である。周囲のおとなが必要以上に過保護にならないように、園では健康の領域、とりわけ「運動」を一層奨励することで、寒さに負けないような精神づくりにもなっていくものである。それには10月の運動会のころから継続して、例えば、園内外のマラソンなどを実施していくとよい。また、12月は1年の最後であるから、1年間の思い出のなかで、楽しかったこと、うれしかったこと、悲しかったこと、我慢したこと、つらかったことなど、思い出を語り合い、成長を喜び合うのもよい。

1月「和顔愛語」

正月の喜びを級友や保育者たちと話し合い、日本のよさを子どもなりに楽しんでいるようであれば、それを級友の前で1人ずつ発表し合うと、いろいろな経験をしてきていることをお互いが知ることができ、とてもよいことである。子どもらしい喜怒哀楽をして、共感したり、不思議と思える未知の体験をしたり、それを人前で話すことにより、話し言葉の楽しさや難しさを体験することができる。担任は、子どもの話の上手な聴き手になり、ひとり合点になりがちな話し言葉を「誰が、いつ、どこで、なにをしたか、それでどうなったか、どう感じたか」など、話し言葉の正しい練習も楽しみながら一緒にやってみてほしい。特に5歳児は、あと2か月余りで小学生に、3・4歳児クラス等は進級するのでその準備を今月ごろから少しずつ心がけていくとよい。園によっては、来年度の新入園児との交流日を設けるなどして、兄姉になった気持ちを経験することは、少子化のすすんだ現在では、貴重な体験になる。和顔愛語を実践する絶好の機会なので、ぜひ実施してほしい。

2月「禅定静寂」 仏教行事：涅槃会（P.55参照）

　1月と2月は最も寒冷の季節になると同時に、時により春の息吹が感じられる日々がある。かなり日中も長くなって、なんとなく晴れやかな気持ちになったり、落ち着いた気分を味わったりすることも体験できるようにしたい。月の初めには節分があり、楽しい行事があったり、園によっては、3月の初旬あたりにかけて、5歳児だけの小遠足をすることもあったりして、貴重な体験になるだろう。

　3月になるとなんとなく慌ただしい気持ちになりがちなので、2月中に現状の保育の長短過不足などを再点検して、少しでも落ち着いたバランスのとれたよいクラスにしていきたい。できたら本堂など静かで改まったところで黙想を経験することもよい。

3月「智慧希望」 仏教行事：お彼岸（P.60参照）

　いよいよ最終月である。園児たちも実感として来月には、進級や入学という新しい環境に変わることを、園でも家庭でも言われて自覚してきていると思われるので、園では、最後の仕上げと同時に、園児としての最終の貴重な体験を味わわせてあげたい側面もある。その意味でも先月からの最終点検をした結果に基づいて、クラス主任や園長・主任の保育者たちなどの客観的な意見をよく聴いた上で、再度、全体的に観察した総点検をしておきたい。特に不足と感じられるものは補っておきたいし、最も実現可能な補完の手順を考えて実行に移すこと、また、それにはクラスの中のリーダー格やその子の親しい友達などに手伝ってもらうのも一案であろう。その場合は任せっぱなしではなく、その子たちのリーダー的なよい面を育てているという積極的な意味のあることを忘れないでほしい。最終的な点検は担任の責任となることは言うまでもない。このように、誰もが成長していき、成長させてもらっているのである。よい学年末をともども迎えたいものである。

（安井昭雄）

【参考文献】
『仏教保育講座1　仏教保育の基本原理』鈴木出版

第4講

生活のなかの仏教保育

古屋道明

1 朝の礼拝に始まる一日

Ⅰ. 心新たな出発

　幼稚園・保育園・こども園の朝はにぎやかである。元気よく登園する子、ぐずって来る子、新しい靴を自慢気に見せる子など、さまざまな子どもが門をくぐる。

　「仏教系の園の一日は、合掌礼拝に始まり、合掌礼拝に終わる」とよくいわれるが、それは朝夕のおつとめ（勤行）から保育が始まり、終わるということではなく、登園して一歩門の中へ入ったときの手を合わせるあいさつに始まり、合掌してのさよならに終わるという意味である。多くの仏教系の園では、園舎は寺院境内地の内部、または隣接地にある所が多いから、

境内地に入ったときには敬虔な気持ちをもってほしいということである。境内地には、祖師像やお地蔵さまなどが建立されており、保育者が園児を登園時にその像の脇で合掌して立って迎えることにより、園児たちがほとけさまに抱かれる、そのような環境のなかで保育が行われることを実感させたい。

　スモックなどに着替えた後、子どもたちは次々と園庭やホール、室内で遊んだり、動植物にえさや水を与えたり、自由あそびなどをして楽しむ。そして定時になると、全園児は本堂やホールに集まり、または各クラスごとに静かな雰囲気のなかで「朝のおつとめ」や集会を行う。この「おつとめ・礼拝」には、園児たちにあそびのときとは違うことを知らせる。例えば、服装を整える、不要なおしゃべりやいたずらをしない、顔は前を見るなど、ひとときでも厳粛な雰囲気を体験させることはとてもよいことであり、大切である。

　このような「おつとめ・礼拝」の重要さをさらに深く知るためには、仏教保育の保育者のための内外研修に積極的に参加して自己研鑽することが必要である。

Ⅱ. 礼拝の心構え

　礼拝は、両手を合わせ、深く頭を下げることにより、精神を安定させ、自己省察するのに最もよい姿勢であり、信仰の典型的な形を表している。人はほとけさまの前では素直な自分となり、「至らない自分」に気づかされ、自ずと敬

虔な気持ちになる。これが純粋な信仰への第一歩となる。

　礼拝のときにほとけさまになにかを願ったりすることが多いが、この場合、その願いが自己の利益のみであったり、過分な見返りを要求するのは、純粋な宗教的な祈りとはいえないであろう。むしろ、他者への幸福や感謝のために祈ることこそが本当の祈りである。仏教本来の礼拝とは敬いの心をもち、合掌をし、頭を地につけて合掌して拝む仏教の修行であるが、幼稚園・保育園・こども園では合掌して黙想し、ていねいに頭を下げて祈るよう指導してほしい。

　仏教系の園では生命尊重を仏教保育の柱の第一に挙げているが、ほとけさまへの礼拝はいうまでもないが、お釈迦さまの生母・マーヤー夫人にも感謝の礼拝をしてほしい。その感謝の気持ちを毎月行われている誕生会のテーマとして「自分の誕生日は母に感謝する日」と定めて、母親に来園していただき、誕生児よりプレゼントを受けてもらったり、その母からわが子へのメッセージを発表してもらう形で培っている園もある。なお、日本仏教保育協会では毎月8日を「生命尊重の日」としているので、この日に亡くなった動物の供養も併せて行っている園もある。

　ところで、全国の仏教系の園にはさまざまなほとけさまの像が安置されている。園児や保護者の他に、地域の人々との関わりがあるため、保育者としては手が何本も欲しいときがある。そのようなとき「千手観音」というほとけさまを保育者のイメージと重ねて思い浮かべる人は多いと思う。保育者には温もり（慈悲心）があり、冷静な眼をもち、慈しみの手を差し伸べることが、その職務であるが、これは観音さまの「智慧の眼」と「慈悲の手」であるといえる。仏教保育者は、その眼と手をもち、傲慢にならず、いつも合掌して幼児や保護者に接する謙虚な心で保育を行ってほしい。

2 誓いの言葉

Ⅰ. お誓いの言葉

　「お誓いの言葉」は、おつとめのときに行う、ほとけさまと自分との約束であり、全園児で声をそろえて唱えることが多い。その内容は、各宗の教えや各園の創立者の建学の理念や子どもたちへの期待が深くかつ厚く込められているものである。そこで各宗派のお誓いの言葉をみてみると、仏法僧の三宝に基づいた「明るく・正しく・仲よく」の精神がその根底にあるものが多い。お誓いの言葉はその園の方針を表すものであるから、仏教系の園とは、その方針に基づいて園児、保育者、保護者が学ぶ生活の道場であるといえる。このお誓いの言葉のなかには園児にとって理解が困難な単語もみられる。園長・主任保育者にその意味を説明してもらい、保育者はそれを標語としてだけでなく、実践することが大事である。保育者が模範を見せていくことにより、幼児は理解し生活の中に生かしていくことができる。

Ⅱ. 各園のお誓いの言葉

　日本仏教保育協会では、三綱領をわかりやすく「明るく・正しく・仲よく」と解釈しているが「お誓いの言葉」としては特定のものを定めてはいない。そこで各々の宗派の保育協会やおもだった園に確認したところによると、宗派で決めているのは、大谷保育協会と浄土真宗本願寺派保育連盟の2つであった。しかし、決めてはあるものの各園の判断に任せていることが多い。その他の宗派においては、各園独自の「お誓いの言葉」を用いていたり、また、お誓いの言葉を特に定めていない園も多数ある。

◆ 宗派のお誓いの言葉

〈大谷保育協会　子どもの三帰依文（さんきえもん）
　　　　　　　　　　（ちかいのことば）〉

わたくしたちは　ほとけのこどもになります
わたくしたちは　ただしいおしえをききます
わたくしたちは　みんななかよくいたします

〈浄土真宗本願寺派保育連盟の誓いの言葉〉
幼児のおつとめのおやくそく
わたくしたちは　みほとけさまをおがみます
わたくしたちは　いつもありがとうといいます
わたくしたちは　お話しをよくききます
わたくしたちは　みんななかよくいたします

曹洞宗系では駒澤大学の児童教育部が日曜学園で作成した次のお誓いの言葉を唱えている。

〈駒澤大学児童教育部のお誓いの言葉〉 (注)
わたしたちは　みほとけさまをうやまいます
わたしたちは　みほとけさまのみおしえに
したがいます
わたしたちは　きよく　ただしく
なさけぶかくして　りっぱなひとになります

◆ 各園のお誓いの言葉の例

東京　K保育園
私たちは仏さまを拝みます
私たちは約束を守ります
私たちは仲良くします

〈特色のあるお誓いの言葉〉

千葉　N幼稚園
私たちはお不動様を信じます
私たちはお不動様の教えを守ります
私たちはみんななかよくいたします

東京　S幼稚園
かみさまやほとけさまをおがみましょう
おとうさんおかあさん、せんせいのいうこと
をよくきいてりっぱなひとになりましょう
みんななかよくあそびましょう

東京　M保育園
みほとけ様をうやまいます
お父さんお母さんのいいつけを守ります
先生の教えを守ります
お友達と仲よくします
お行儀をよくいたします

大阪　K幼稚園
ののさまとおやくそくをしっかり守りましょう
お耳をしっかりあけてお話しを聞きましょう
ののさまがいつも守ってくれてます

神奈川　A幼稚園
いきものはかわいがります
お道具は大切にします
自分のことは自分でします
お友達と仲良くします
毎日一つずつ良いことをします

（注）現在は駒澤大学に児童教育部はありませんが、お誓いの言葉は日曜学園で現在も使用されています。

Ⅲ. 食事のときの言葉

　食事の基本は一粒の米、一滴の水、一枚の葉を無駄にしないことにあり、食事はいただくものであって済ますものではない。

　食事のときの言葉も各園さまざまである。「いただきます」という言葉は「あなたの生命を私の生命として無駄なくいただきます」ということである。動植物の尊い生命をいただいて私たちは生かされているのである。その生命を私たちは世の中に生かすべきである。そして大自然の恩恵に感謝しなくてはならない。

　「ごちそうさま」という言葉は、食事をいただけることは多くの人たちの努力のお陰であることに気づき「ありがとうございます」の意味で言ってほしい。活動におされて心を込めず、口先だけで言わないでもらいたい。

東京　T幼稚園の食事のあいさつの例
〈食前のあいさつ〉
よい子になるように
今　この食をいただきます
天地のお恵みを感謝致します
いただきます
〈食後のあいさつ〉
みんなと食べた　この食が
私の命となりました
よい子になります
ごちそうさまでした

東京　K幼稚園の例
〈食前のあいさつ〉
(歯磨きの歌、お弁当の歌をうたったあと)
ののさま　おとうさま　おかあさま
先生みなさま　いただきます
〈食後のあいさつ〉
(歯磨きの歌、お弁当の歌をうたったあと)
ののさま　おとうさま　おかあさま
先生みなさま　ごちそうさまでした

東京　L幼稚園の例
〈食前のあいさつ〉
　(合掌して)
おとうさま　おかあさま
おいしい　お弁当を
どうもありがとうございました
こぼさずに　残さずに
みんな　きれいに　いただきます
いただきます
〈食後のあいさつ〉
　(合掌して)
ごちそうさまでした

以前、3歳の子が牛乳を飲むときに「乾杯、お疲れさま」と言っていたことがあったが、これは家庭でビールを乾杯し合うおとなの模倣をしている。子どもは家庭からの影響が大きいので、食事のあいさつも家庭で行うようにすすめてほしい。せめて合掌して「いただきます」「ごちそうさまでした」は行うよう指導したい。

今、食育の大切さが強調されている。無理のない好き嫌いや偏食の克服、栄養をバランスよく摂るだけではなく、食事のマナー、食べることの意味、調理してくれる人への感謝、天地の恵に感謝する心を育てる保育活動としたい。

保育園では給食が原則だが、家庭からのお弁当持参の日を設けるなどの工夫がなされている園もある。幼稚園ではお弁当が中心となっているが、子どもが調理し食事する工夫も多く見られる。盛りつける量の選択、多様な食材の導入、バイキング方式の導入、アレルギー対応食の導入、国際化のなかでの異なる食習慣への配慮など、食生活も多様化している。アレルギーについては家庭も保育者も素人考えで決めつけることなく、専門家の助言・指導を仰ぎたい。

いずれにせよ、落ち着いた雰囲気のなかにも、楽しく食事を摂ること、そして何よりも「生かされている自分」への謙虚な心が育つ食事としたい。

3 黙想 ― 静と動 ―

日常生活において情報は氾濫し、聞きたくない音が耳に入り、さまざまな意見が錯綜している。自分を見つめ、保育を考える余裕をなかなかつくり出せない。そこで、時々黙想して意識を集中させることを意図的に行うことが必要となる。

保育者と子どもたちにとって一日の始めと終わりには静寂の時間をもつことはとても大切である。遊びのけじめ、家庭とはことなる集団生活のけじめ、そして一日のけじめをつけるために黙想し、ほとけさまへの礼拝を行うのである。子どもたちが帰るときに園での一日の反省ができればより効果的である。朝の黙想は一日の目標をたて、降園時は一日を振り返るのである。

保育者も園を出る前にできれば職員の多くが集まって保育の反省を行ってほしい。自分の保育について仲間から批評してもらおう。そして

帰宅し、入浴のときでも就寝前のひとときでもいいので、今日の自分を振り返ってほしい。「だれかを傷つけなかったか、だれかの役に立ったか、精いっぱい生きたか」これは保育だけでなく人間としてどう生きたのかの自問である。そこでの反省を明日の保育に生かすことである。

保育において悩むことは多い。そのときに私は思い出す言葉がある。それは仏教保育者として尊敬する荻野正順師の「あなたは人生において多くの難題と出会うだろう、それから逃げてはいけない。なぜならばそれは阿弥陀さまからの激励だからである。あなたならその壁は乗り越えられると仏が期待して課せられたものであるからだ」という言葉である。保育者としての多くの壁はほとけさまからの激励と思って試練に臨んでほしい。また荻野師いわく「子どもを育てることにおいて大切なのは『待つ』・『許す』・『祈る』の心である」。このことを私は心に刻んでいる。

本講の最後に、私はみなさまに次の詩をおくりたい。「相手が」を「子どもが」「保護者が」に置き換えて読んでみてほしい。

相手が黙っているからといって
　　何も意見がないわけではない。
相手が従っているからといって
　　納得しているわけではない。
相手が笑っているからといって
　　悲しみがないわけではない。
相手が怒らないからといって
　　何を言ってもいいわけではない。
風は目には見えないしかし、
　　なびく草の上にその姿をあらわす。
保育者は目に見える事柄だけで
　　子どもを理解してはならない。
園長は
　　職員の悲哀をよく感じなくてはならない。
保護者は子どものしつけに
　　責任を持たなくてはならない。
幼・保園は
　　温もりある楽園でなくてはならない。
（道明作）

（古屋道明）

ちょっとひといき 仏教園で働くうえでの Q&A

Q. 園へ行く前にしておいたほうがよいことがありますか？

A. 朝の登園のようす、園庭で子どもの遊ぶようすなどを事前に見学しましょう。御霊まつりなどの地域開放型の仏教保育行事があれば、許可を得てボランティアとしてお手伝いを申し出て、実際の保育を体験するのも一つの方法です。

Q. まず大事なことは何ですか？

A. 朝のあいさつが大切です。「おはようございます」とすべての人にさわやかな声であいさつをしましょう。

Q. 仏教系の園へ最初に行ったとき、気をつけておきたいことは？

A. 園の入口にお地蔵さまなどがあったらまず合掌しお参りしましょう。本堂など礼拝施設の前でも立ち止まり、手を合わせ頭を下げましょう。

第5講

「いかせいのち」の保育

佐藤達全

1 食事と「いただきます」の あいさつ

地球上に生命が誕生したのは、今から35億年も前と言われている。その後、人類の祖先が現れて、自然の恵みをつつましく利用しながら、少しずつ文化や技術を発展させてきた。

近年は、科学や技術が急速に進歩して、寒さや暑さに左右されない快適な生活が実現した。また、医学や生活環境の向上によって長生きができるようにもなった。

しかし、どんなに科学や医学が進歩しても、食物が得られなければ人間が生きることはできない。しかも、私たちが「食物」として口に入れているのは、人間と同じように生命をもって生きていた動物や植物である。人間の生命は、そうした動物や植物の尊い生命をいただくことで生かしてもらっていることは間違いない。このように考えると、私たちの生命を支えてくれる動物や植物に対して、どんなに感謝してもしすぎることはないであろう。

ところで、日本仏教保育協会のめざす保育は「いかせいのち」であり、生命尊重の保育を実践することである。これは「あらゆる生きものがかけがえのない生命を生きている」というお釈迦さまの教えに基づいている。地球上に存在するすべての生きものは、たった1つしかない「いのち」を生きているのであるから、その生命を尊重しようという考えはだれにでも受け入れられるはずである。

もちろん、生命尊重ということは頭のなかで考えるだけでは不十分であり、私たちが毎日の生活で実践するところに意味がある。実際に動物や植物を大事に育てたりその生命をむやみに傷つけたりしないように心がけている人は少なくない。けれども、はじめに述べたように、私たちは自分以外の動物や植物の生命をいただかなくては生きられないことも確かなのである。

このように考えたとき、私たちがなし得ることは次の3つしかない。
① 食物に対する感謝の気持ちを忘れない。
② 食物を粗末にしない。
③ 食物の「いのち」を正しく活用する。

日本人は昔から食べる前に「いただきます」というあいさつをしてきた。この作法はおそらく「(すみません、食べさせて)いただきます」という感謝の気持ちを表したものだろう。しかも、そのときに手を合わせることから、仏教の教えに基づいていると考えられる。食事を作ってくれた人に感謝することはもちろんだが、食物に対する感謝のあいさつをしてから食べることも忘れてはならない。

感謝の気持ちをもっていれば、食物を粗末にすることはないであろう。そして、なるべく好き嫌いを言わず、不平を言わないで、みんなで仲よく食べることである。もちろん、食べ残さないように適量を盛りつけるという配慮も必要になる。

そして、忘れてならないことは「いのち」を食べさせていただいた私たちが、それによって得られたエネルギーを毎日の生活でどのように活用するかということである。私たちは動物や植物の「いのち」を彼らに代わって生かすという責任を負っているからである。自分のためだけに使うのでなく、他のために使わなくてはならない。お友達と仲よく遊んだり、給食のお片づけを手伝ったりすることが大切なのは、そのためである。

このように考えて行動することが、尊い生命を提供してくれた動物や植物に対する私たちの義務といえるのではないだろうか。

ところで、私たちは食べ終われば「食事は終わり」と考えがちである。けれども、身体に入った食物が消化・吸収されるには10時間から20時間もかかる。しかも消化や吸収の状態を左右する消化液などの分泌は、人の心の状況によって変化する。なぜさわやかな気持ちで生活しなくてはならないか、その理由が理解できるであろう。

多くの人のなかには、動物や植物を食べるのは当たり前と考える人がいるかもしれないが、もしも「人間のほうが偉いから食べて当然」と考えているのならば、それは人間の勝手な思い上がりではないだろうか。地球上に存在する生きものは人間だけではない。しかも、地球上の生命は動物も植物も人間もすべてが互いに関わりあって生きている。つまり、動物や植物が存在しなかったら、人間も生きることはできない。

今、世界中で環境保護が叫ばれ、自然を守ろうとする活動が盛んになってきたが、それは環境が破壊されたら人間も生きられなくなることに多くの人が気づいたからであろう。動物や植物の生命を守ることは、人間の生命を守ることなのである。

このように考えてくると、自分の生命はもとよりのこと、自分以外の生命も尊重しようというお釈迦さまの教えを保育実践の基本に位置づけることには、きわめて大きな意味があることがわかるであろう。

② 作物の栽培から学ぶこと

食事は、私たちが「いのち」について学ぶための重要な場といえるのであるが、都市化が進んだ現在では、もう一つの大切な場としての野菜の栽培や家畜の飼育などが、子どもたちの日常生活から遠く離れてしまった。そのため、ふだん自分たちが食べている食物と、もともとの姿を結びつけることは難しくなった。

たとえば、田んぼに生えている稲を見てもそこからお米がとれることに気づかない子どもや、キュウリやトマトやナスがどんな状態で

実っているかを知らない子どもが少なくないであろう。もちろん、絵本やビデオなどでそのようすを伝えることはできるが、スーパーで売っているキュウリやナスが畑で収穫したばかりのものとはずいぶん違っていることはわからないのである。

　子どもにとって、栽培体験は大きな意味がある。畑でとれたてのキュウリの表面には痛いほどのボツボツがあるし、ナスのヘタにもちくりと痛みを感じるようなトゲがある。時間が経過するにつれてそれは柔らかくなり、スーパーの店頭に並ぶ頃には触っても刺さることがない。また、収穫したばかりの野菜にはそれぞれ独特の臭いもある。こうしたことは、体験しなくてはわからない。

　もちろん、収穫の喜びやそれを食べるときのうれしさは当然であるが、それだけではなく、栽培する一つひとつの段階で新鮮な感動が生まれ、初めて気づいた驚きが心をふるわせて新たな探究心を芽生えさせてくれるだろう。こうしたことから、保育活動に作物の栽培を取り入れる場合も少なくない。

　それぞれの園の状況に応じて、園庭のすみにミニ菜園を作ったり、プランターでトマトやナスを栽培したり、農家の田畑を借りて稲やサツマイモを育てたりと、そのやりかたはさまざまであろう。子どもや保育者だけで手に負えない

場合は、保護者会の役員さんや有志に応援してもらうこともある。

　種をまいたり苗を植えたりする作業は、子どもたちが土の感触を確かめる上で貴重な体験になる。何日かが過ぎ、土の中から出てきた小さな芽を見つけたときのうれしそうな顔、だんだん大きくなっていく苗を見つめる瞳はきらきらと輝いている。

　ただ眺めているのでなく、元気に育つよう世話をすることも必要である。作物は、水や肥料や日光の具合で生育のしかたが違ってくる。プランターでは、水やりを忘れているとしおれてぐったりしてくるが、根もとに水をしみこませるとまもなく元気を取り戻す。その姿から、子どもは水の大切さや「生きている」とはどういうことかについてなにかを感じ取っているようでもある。

　いっしょにまいた種でも、芽の出かたは早かったり遅かったりで同じではない。芽が出てからの生育にも差がある。花の咲きかたも実のつきかたも、それぞれ違っている。それが生きているものの姿であり、工場で作られる規格化された製品と異なる点である。

　ところが、現在は自然の産物にまで規格化が求められている。大きさでLやMやSに分けるのはともかくとして、スーパーで売っているキュウリはみなまっすぐで、同じような長さと太さである。けれども、実際に栽培してみると曲がったキュウリのほうが多いし、大きさもまちまちである。スーパーで買ってきた、まっすぐで同じ大きさのキュウリを見慣れている子どもにとっては、これは不思議なことではないだろうか。

　ところで、栽培する際に生育のよくないものを取り除いたり、密生して発芽したものの一部を取り除いたりすることがある。摘果といって、果物の実が小さなうちにその数を減らすためにつみ取ることもある。その理由は、あまり密生

して生えていると、作物の育ちが悪くなるし、実の数が多すぎたのでは大きくならないからである。

こうした作業は普通に行われていることではあるが、もしも自分が取り除かれる作物やつみ取られる実の立場だとしたらどうだろうか。生命尊重ということは、とてもよい響きをもった言葉である。しかし、実際に作物を育てたり果物を栽培したりする際には自然に任せてばかりはいられない。そこにこの問題の難しさがあると思う。

子どもたちは、植物や野菜を栽培することによって新鮮な感動を体験し、自然の不思議さに気づくことができる。しかし、その一方で、芽を出した作物の一部を取り除いたり多すぎた実の一部を取り去ったりしなくてはならないこともある。

だれでもやっていることだからと、無造作に引き抜いたり実をつみ取ったりするのでなく、引き抜かれるものやつみ取られるものに思いを寄せる感性も忘れないでほしいものである。それが、生命尊重の保育といえるのでないだろうか。

3 小動物の生と死

自然に恵まれた園ではいうまでもないが、都会の園でも、園庭でテントウムシやミミズなどの小さな生きものが動いていることがある。それを見つけた子どもが、じっと行動を観察したり、興味深そうにそっとつかんだりしているのを見ていると、子どもは生きものが好きなことに気づく。

テントウムシは歩くのが遅いから見失うことはないが、ときには飛びたつことがある。羽が小さいためそんなに速くはないが、それを追いかける子どもの目はいきいきと輝いている。飛距離も短いのですぐに追いついた子どもたちは、ふたたびその動きを観察したり手のひらにのせたりしている。

いじめようとしているわけではない。興味があるから触ったりつかんだりするのであろう。一方、テントウムシはなんとか逃げようとして、ちょこちょこ歩いたり羽を広げて飛びたとうと

したり、ミミズがくねくねと身体を曲げたりしているが、なかなか子どもの視界から身を隠すことができない。

虫を触りながら、子どもはそれぞれの動きに特徴があることに気づくであろう。トンボやチョウがやってくることもある。自然のなかで、虫たちを観察することが、子どもの感動を引き起こしたり新たな発見につながったりする。どんな木にとまっているのか、枝にいるのか葉っぱにいるのか、土の中にいるのか、水の中にいるのか、その姿は生きものによって異なっている。

しかし、自然のなかではよほど運がよくないと、虫を身近に見たり触ったりすることはできない。そこで、教室に虫かごや水槽を用意してカブトムシやサワガニやオタマジャクシを飼育したり、園庭に小屋を作ってウサギやニワトリを飼ったりすることがある。

かごに入っていれば逃げ出すこともないか

ら、いつでもそばに行って観察することができる。そのかわり、エサを与えたり水を取りかえたりしなくてはならない。生きものはエサを食べなくては生きられないことに気づくチャンスである。水槽の水が汚くなると死んでしまうことも、教える必要があろう。

　カブトムシやサワガニの場合と違って、ウサギやニワトリのように少し大きな生きものでは、その表情や鳴き声や動きから子どもたちはそれらの生きものの気持ちを考えようとしているようだ。ウサギをそっと抱いたときに、身体のぬくもりや心臓の鼓動から、生きていることを強く感じることができるであろう。これも貴重な体験になる。

　また、生きものは糞をすること、ウサギとニワトリでは糞の形が違うことも自然にわかってくる。卵からかわいらしいヒヨコが誕生し、成長するにつれて鳴き声が変わり、メスとオスでは形や体の大きさまで違うことにも気づくであろう。魚のようだったオタマジャクシに、足や手が出てきてカエルになることは、子どもにとっては驚きではないだろうか。

　このように多くの感動を与えたりさまざまなことに気づかせてくれたりすることから、生きものを飼育することの意義は非常に大きい。しかし、生あるものを飼育することにはそれなりの配慮が必要になる。生あるものは必ず死ぬのではあるが、だからといって不注意からその生を縮めていいわけはない。なぜならどんな生きものも、たった一つしかない「いのち」を生きているのであるから。

　ところが、どんなに気をつけていても、飼育していた虫や小動物が死んでしまうことがある。昨日までもぞもぞと動いていたカブトムシが、今朝はぴくりともしない。オタマジャクシが白いおなかを上に向けて、水槽に浮かんでいる。登園してきた子どもたちがそれに気づいて騒いでいる。ショッキングなできごとは飼育に

はつきもので、それは大切に世話をしてきた生きものとの別れの時でもある。そんなときには、どうしたらよいだろうか。

　ましてそれがウサギやニワトリなどのように、多少なりとも子どもたちと心を通わせることのできた生きものの場合は、悲しみもひとしおであろう。冷たくなってしまったウサギを抱いたまま離そうとしない子どももいる。死んだウサギは、以前のようにエサを食べたり走り回ったりしないことを、どのようにして納得させたらよいだろうか。

　そのためには、別れの儀式をすることに大きな意味があるだろう。それまでのつながりが強ければ強いほど、心を込めて行うべきである。お墓を作ったり「さようなら」の言葉を言ったりすることで、子どもたちの心に死を受け入れるゆとりができてくるだろう。

　そして、生あるものには必ず死が訪れることを、子どもたちの心に伝えていかなくてはならない。それと同時に、別れの悲しさやつらさを乗り越えて生きていくことの大切さも伝えなくてはならないのである。

（佐藤達全）

第6講

仏教保育の行事

村上真瑞

① お釈迦さまの生涯と三仏忌（三仏会）

三仏忌とはお釈迦さまの生涯で節目となる大事な三つの日をいう。いずれも日本において仏教保育の園や仏教寺院では、法会（法要）が営まれるので、「会」という。忌日（命日）は一日しかないので、三仏会ということもある。以下の三つをいう。

- ・4月8日
  降誕会（花まつり）
  お釈迦さまのお誕生をお祝いする日。灌仏会ともいう。
- ・12月8日
  成道会
  お釈迦さまがお悟りを開かれたことをお祝いする日。
- ・2月15日
  涅槃会
  お釈迦さまがお亡くなりになられた日。

なお、上座部（南伝）仏教では、4月5月頃の満月の出る日に、降誕、成道、涅槃がすべて同じ日に起こったとして、ウエサカ祭を催している。

Ⅰ. お釈迦さまのお誕生（花まつり）

お釈迦さまは今のネパール領のルンビニーというところで約2500年前に誕生された。父はシャカ族のシュッドーダナ、母はマーヤといい、お釈迦さまはゴータマ・シッダルタという。釈迦族に生まれた尊い人ということから釈尊と呼んでいる。王子の誕生を願っていたマーヤ様は、真っ白なゾウがおなかに入っていく夢を見て懐妊されたと言われている。

マーヤさまが居城のカピラヴァスツからお産のため故郷デーバダハへ向かう途中、ルンビニーの花園で無憂樹に手をかけられたとき、お

【釈尊伝図絵より】

1. 托胎（お釈迦さまをお宿しになるマーヤ夫人）

2. 降誕（お誕生）

釈迦さまは右脇から誕生されたといい、そのとき七歩歩いて「天上天下唯我独尊」と言われたと伝えている。七歩歩いたということは六道という迷いの世界を越えたことを意味するといい、「天上天下唯我独尊」は、天の上にも下にもここにいる私は私一人しかいないのであるから私にとってもっとも尊い存在であるということである。当然他の人も一人しかいないのであるからすべて尊い存在であるということを示している。誕生されたお釈迦さまに甘い雨が降り、身体をきれいに洗ったといわれる。花御堂に誕生仏を安置して甘茶をかけたり、子どもたちが白象を引いてお誕生をお祝いするのは、このような逸話に基づいている。

Ⅱ. お釈迦さまのお悟り（成道会）

お釈迦さまは王宮で何不自由なく住していたが、常に人生のことについて心をめぐらしうちに沈んでいたといわれる。両親はみかねて17歳になったとき、楽しく生活できるようにと隣国拘利城のヤショーダラ姫と結婚させた。しかしお釈迦さまの心を変えることはできなかった。

やがてあるとき王城の外へ出る機会を得て、東の門を出たとき老人に会った。城内では老人を見かけることはなく、人間が年をとるとこのような状態になるのかと現実のありのままを見た。ついで南の門を出たとき病人に会い、西の門を出たとき死人に会い、すさまじい現実をつきつけられ、人間は生まれた以上、避けがたい苦しみを受けることを知った。そして北の門を出たとき人生の苦しみを解決しようとする修行者に会い、このことが出家の動機になったといわれている。その後ラーフラという跡取りができ、社会的責任を果たした29歳のとき出家される。

出家して苦行を重ね、6年目の35歳のとき苦行だけでは悟りに至ることができないことを知り、尼連禅河で身を浄めスジャータという少女の差し出す乳粥をいただいて、近くの菩提樹

3. 四門出遊（出家を決意）

4. 出城（お城を出る）

の下に座り禅定に入られた。すると魔王がやってきて、あの手この手で妨害する。「悟りなど、どうせ得られるはずがない。早々に国に帰って王位を継ぎなさい」とそそのかしたり、娘たちを遣わして色香で誘惑したり、猛獣をけしかけて怖がらせたり、あらゆる手段を使って禅定を阻害した。しかし、お釈迦さまはそれらをものともせず悟りを開くまでは動かないという強い決意のもと、一週間目の明け方にたちまち悟りに到達された。そこで説かれたのが四諦の法門といわれている。

四諦とは、苦諦・集諦・滅諦・道諦のことをいい、諦（satya）は真実という意味である。

迷	苦諦（果）	生老病死等人生は苦
		一切皆苦　四苦八苦
	集諦（因）	苦を起こす原因
		煩悩　十二因縁
悟	滅諦（果）	苦のない境界、涅槃
	道諦（因）	苦のない境界に到る方法
		八正道

苦諦は迷いの果である苦しみの現実の世界である。人生は生老病死（四苦）、愛別離苦、怨憎会苦、求不得苦、五蘊盛苦（八苦）に被われている。人生の最後には必ず死という終点が待っている。

そしてその原因の集諦は、十二因縁（無明、行、識、名色、六入、触、受、愛、取、有、生、老死）によって自己の起こす無明煩悩という悪い心であることが明かされる。無明とは真理に暗いことで、お釈迦さまの説かれた真理とは、縁起の道理をいう。縁起とは、インドの言葉サンスクリットでは pratītya-samutpāda（プラティーティヤ・サムトパーダ）といい、他との関係が原因で生起するということ。全ての現象は、原因や条件が相互に関係しあって成立しているものであって独立自存のものではなく、条件や原因がなくなれば結果も自ずからなくなるということを指す。したがって、苦の原因である無明をなくす、すなわち縁起の道理に明るくなれば、老死という根本的な苦しみが消えることとなる。

次に、滅諦は迷いの原因がなくなり、安楽な境界にある結果の状態をいい、道諦は苦のない境界に到る方法、すなわち八正道が説かれる。『初転法輪経』によると、楽欲の生活と苦行の生活は、出家者の避けねばならない二辺の生活であって、中道の生活をすべきである。その中道とは八正道、正見（正しい見方）、正思惟（正しい思考）、正語（正しい言葉）、正業（正しい行為）、正命（正しい生活）、正精進（正しい努力）、正念（正しい心の集中）、正定（正しい心の安定）であると説かれている。

5. 乳糜供養（乳粥をいただく）

6. 降魔成道（悪魔を退け悟りを開く）

Ⅲ. お釈迦さまのお亡くなり（涅槃会）

お釈迦さまは35歳でお悟りを開かれたあと80歳で入滅されるまで遊行生活をされ、多くの人々を教化された。そして晩年クシナガラというところまできたとき、チュンダの村で出された供養の食事が原因で中毒をおこされた。死の近づいたのを察した仏弟子たちはお釈迦さまに対し、私たちはお釈迦さまを頼り生きてきたので今、亡くなられたら誰を頼りにすればよいのかと心の不安を訴えた。これに対してお釈迦さまは「自らを灯にせよ。他に依るなかれ」また「法を灯にせよ」ともさとされた。「自らを灯にせよ」とは、自分の人生は自分しか歩めないのであるから、自分が責任をもって精進努力して怠ることなく歩めということである。「他に依るなかれ」とは、他人に自分の人生を歩んでいただくことができないということであり、もちろん逆に他人の人生を自分が歩んであげることもできないことを言われたのである。「法に依れ」とは、真実誠の世界と受けとめておきたい。すなわち嘘や偽りの世界に自分の身をおいてはいけないことをさとされたのである。

涅槃とは、吹き消すこと、吹き消された状態を意味するインドの古い言葉（サンスクリット）で、nirvāna（ニルヴァーナ）の音写である。

それでは、なにを吹き消せば涅槃といえるのか。むさぼるという貪欲、怒り腹立ちという瞋恚、ものの道理に明るくないという愚痴、これらの人の心に巣造っている人間の性ともいうべき3つのはたらきを消滅させれば、人は心身ともに平静となり、何ものにも煩わされず、自由闊達となる。そのような世界が涅槃である。ただ肉体の死滅した世界だけを涅槃というのではない。

【参考文献】
『浄土宗保育指針』浄土宗保育協会編、2012年

7. 初転法輪（初めての説法）

8. 涅槃（お亡くなり）

画像提供／鈴木出版　絵／小島 直

　著者の園においては、涅槃会に臨む前に、各クラスで涅槃会のビデオ、ＤＶＤ、紙芝居、絵本などの教材を使って指導し、お釈迦さまがお亡くなりになられたことを子どもたちに伝えておく。2月15日を迎え、お寺の本堂には、二間四面の大涅槃図が下げられ、その周りの飯台の上には、子どもたちによって、折り紙、紙工作、紙粘土などで作られた泣き悲しむ動物たちの造形が飾られる。本堂内と涅槃図の前には、灯明がともされ、香が焚かれ、お花が供えられている。クラスごとに集まった子どもたちは、自分の念珠を左手に掛け、合掌、正座して静かな雰囲気のなかで涅槃会の開式を待つ。

　保育者等は、自らも念珠を持ち、各クラスの当番の子どもに1本ずつ線香を渡し、園長に続いて仏前の香炉にささげる。子どもたちが自席に戻ると、園長の読経が厳かに本堂内に響き渡る。読経が終わると、園長は子どもたちに向かって、涅槃会についての法話を行う。法話が終わると、子どもたちは、涅槃会の歌を歌い、余韻とともに心静かに本堂を後にする。法話には、さまざまな教材を適宜用いて子どもたちに理解しやすい方法を用いることが大切である。涅槃会の法話で大切にしたいことは、生きとし生けるものは、誰一人例外なく必ず最期が訪れること、お釈迦さまのようなお悟りを開かれた偉人であっても死を免れることはできないことを伝えるとともに、子どもたち一人ひとりも例外ないことを伝えることが大切である。

　そしてもう一つ、お釈迦さまがクシナガラまでたどり着き、最後に食べた料理を供養した

チュンダは、尊敬する人に敬意を示す方法として、心からの料理をささげたのである。お釈迦さまを家に招いてお釈迦さまの説法を聞き、そのお礼に翌日の食事に招待した。そして、チュンダはさまざまな料理を準備して供養した。お釈迦さまは、「スーカラ・マッダヴァ」という料理を食べて血がほとばしり出て、激しい苦痛をともない倒れてしまわれた。そのときお釈迦さまの言われた言葉が、「チュンダの供養は悟りを得たときの供養（スジャータの乳粥）に匹敵するほどの功徳があり、誰もチュンダを非難してはならない」というものであった。その言葉を聞いたチュンダをはじめ、弟子たちは、心から感動したと伝えられている。

　ここでもう一つ大切なことは、お釈迦さまのみ教えは、ただ人間だけを救う教えではなく、命ある生きとし生けるものすべてを救いとる教えであるということである。輪廻転生のなかで、今人間として生まれている者も前世では動物・鳥類であったことがあるであろう。今動物・鳥類として生まれている者も来世は人間に生まれるかもしれない。お釈迦さまの教えは生きとし生けるものが生死を繰り返しているなかから救われていく教えなのである。だからこそ、涅槃図の中では、人間だけでなく動物・鳥類までがお釈迦さまの死を悲しみ涙を流しているのである。また、亡くなられたお釈迦さまの心は、苦なく、欲なく、一切の煩悩なく、身心が寂静であった。まさに禅定のなかに涅槃を迎えられ、静寂な心であった。このことが子どもたちにしっかりと伝えていきたいことである。

3 日々の保育での取り組み

　涅槃会を迎えての日々の保育において、12か月の徳目との関連性について考えてみたい。涅槃会のある2月の徳目は、「禅定静寂」である。中村元編『広説佛教語大辞典』によると、「禅定」とは、心を安定統一させること。心静かに瞑想すること。心の計らいを静めること。心を動揺させないことで、大乗仏教の実践徳目である六波羅蜜の第五にあげられている。「静寂」は、仏教語ではないので、『広辞苑』によると、「静かでさびしいこと。物音もせず、しんとしていること」の意味である。仏教語で文字を逆にした「寂静」という言葉がある。意味としては『広説佛教大辞典』によると、「静寂」の意味に加えて、涅槃の異名であるニルヴァーナ、すなわち「苦なく、欲なく、一切の煩悩なく、身心が寂静であること、悟りの世界」という意味が付け加えられる。2月は涅槃会の月であるからこの「寂静」を多分に意識していることと考えられる。全体の意味としては、心を安定統一させ、苦なく、欲なく、一切の煩悩なく、身心が寂静であること。の意味になると思う。この2月の徳目を生かしたカリキュラムに基づき、心静かな保育を心がけることが、日々の保育に欠かせないことといえよう。

　2月のカリキュラムを考えてみたい。以下著者の園の例である。

5歳児ねらい	
○全体のなかの一員であることを自覚しながら、皆で活動する楽しさを味わう。 ○さまざまな表現方法があることを知り、表現する楽しさを味わう。 ○お釈迦さまの生涯に興味をもち、心を込めておまいりをする。	
健康	・小学校に向け、生活習慣や態度を見直し、自分で意識をもつ。 ・時間の見通しをもち、給食を決められた時間内で食べる。
人間関係	・ニルヴァーナ発表会に向けて友達と協力して進めていく楽しさを感じる。 ・涅槃会を通して命の大切さ、生きる喜びについて考える。
環境	・加法、減法について知り、日々の生活のなかでふれる。 ・季節の行事に関心をもって関わる（節分・立春等）。
言葉	・ひらがなの正しい書き順を覚え、自分の名前がていねいに書けるようになる。 ・長い話も場面を想像して聞くことを楽しむ。
表現	・役になりきり、恥ずかしがらず、自信をもってせりふを言うとともに表現する。 ・歌声や鍵盤ハーモニカの音を揃える意識をもつ。

建中寺幼稚園5歳児カリキュラムより

　日々の保育のなかにも、ねらいに「お釈迦さまの生涯に興味をもち、心を込めておまいりをする」という項目を入れ、人間関係には、「ニルヴァーナ発表会に向けて友達と協力して進めていく楽しさを感じる」「涅槃会を通して命の大切さ、生きる喜びについて考える」が入り、ニルヴァーナ（涅槃）発表会や涅槃会の内容を常に心がける保育を展開するようにしている。

4 夏の仏教保育

Ⅰ. お盆の行事

　夏には、仏教行事としてお盆の行事が全国的に行われる。東京を中心とした、7月盆の地域と、月遅れの8月盆の地域がある。まず、お盆の由来を考えてみたい。

　盆行事（盂蘭盆会）は、6世紀中頃に中国で著されたとされる『仏説盂蘭盆経』に由来する。同経には、「餓鬼道に落ちている母を神通力により見た目連は、母に食べ物、飲み物を供養したいと思ったが、口に持って行くと火となり燃えてしまい飲食できなかった。お釈迦さまにその理由をたずねると、目連の母は、自分の子どもがかわいいあまり、目連だけに物を与え、他の子どもに物を与えなかった。その報いにより餓鬼道に堕ちて飲食物の飢餓に苦しむこととなった。お釈迦さまの教えに従い、7月15日（僧自恣の日）に安居のために印度各地から戻って来る僧たちに飲食物を供養し盂蘭盆会を行い、この功徳により、母が餓鬼道から救われた」と説かれている。盆に行われる行事は地方によってさまざまな伝承があるため、一概に記すことはできないが、その基本は精霊を迎え、まつり、送るという魂まつりである。全国的に広く見られる風習を順に記すと次のようになる。

　盆月の1日は「釜の蓋が開く日」といわれ、あの世から精霊がこの世に向かって出発する日とする地域が多い。7日は盆に向けての準備の日であり、この日に墓掃除・盆道つくり・仏具磨きなどを行う。13日には精霊を迎えるための盆棚を作る。盆棚の飾りつけは多様であるが、

キュウリとナスでつくった馬と牛、刻んだキュウリ・ナス・洗米を混ぜたミズノコ、水向けをするためのミソハギ、ほかに野菜や果物、うどん・素麺などの麦製品、おはぎ・五目飯といった米製品などを供えることが多い。そして13日の夕方には精霊を迎える。迎える際には、迎え火を焚き、墓・寺・山・田んぼの畦などで迎える。精霊は迎え火の煙を目指してやってくるといわれる地域が多い。精霊を迎えてから送るまでの間は、それぞれの家でまつられることが基本であるが、僧侶による棚経が行われ、親戚や近隣の人々からの供養を受けることもある。15日（もしくは16日）には、精霊を送るが、送る場所は墓・川・海・辻などさまざまである。送る際に送り火を焚くのは全国的に行われる風習であるが、京都での大文字焼きも送り火の一種である。また、盆の時期に広く行われている盆踊りは、元来、精霊を歓待・鎮送するための踊りであった。

【参考文献】『新纂浄土宗大辞典』浄土宗出版

Ⅱ. 施餓鬼

お盆というと、一番はじめに思いつくのは施餓鬼である。盂蘭盆会の行事と施餓鬼会の行事が一緒になって執り行われる。施餓鬼の由来は次のようなものである。

『救抜焔口餓鬼陀羅尼経』は、阿難が、ある餓鬼から、膨大な数の餓鬼に飲食を施すことができればその餓鬼は苦しみの身を離れて天界に生じ、阿難は延命を得るが、できなければ阿難は３日の間に絶命し餓鬼道に堕ちるという実現不可能な脅迫をされることに始まる由来を伝え、阿難に対し、お釈迦さまが少量の飲食を無限大に変じる無量威徳自在光明殊勝妙力という陀羅尼（変食陀羅尼に同じ）を授けるとする。お釈迦さまはこれを誦すれば膨大な数の施しも実現されると諭し、さらに人々が、浄水を入れた器に盛った飲食にこの陀羅尼や諸如来の名号を誦して加持を施し浄地にそそげばそれで施しとなり、無限大の数に及ぶ餓鬼が飽満して天界に生じるばかりか、百千倶胝（十万×壱千万）に及ぶ多くの如来を供養するに匹敵する功徳が生じ、寿命延長、増益色力、善根具足などの利益も得られると説く。施餓鬼は餓鬼の抜苦与楽を物語るものとして了解されるが、この密教経典は、少量の供物でも陀羅尼を誦する加持により供物が無限大に増大し、布施波羅蜜の完成がもたらされると説かれている。

【参考文献】『新纂浄土宗大辞典』浄土宗出版

施餓鬼とは、餓鬼に施すことにより、３日の命が延びて阿難は悟りを得ることができた功徳を、先祖に回向して、先祖の浄土往生また、現世での寿命延長を祈る法会である。

Ⅲ. 地蔵盆

三仏忌（三仏会）はほとんどの仏教保育の園で行っている行事であるが、８月24日の地蔵盆は、特に子どもに関わるお盆の行事として欠かせないものである。京都を中心とした関西地区で盛んに行われているが、東海地区である筆者の園でもにぎやかに行っている。地蔵盆の由来はいろいろと言われているが、『今昔物語』から簡単に説明してみたい。

平安時代に日本中に悪い病気がはやり、病気で死ぬ人が続出した。その頃あるお坊さんの夢に子どもが現れて、「お地蔵さまの像を造って、お地蔵さまのお徳をお讃えしなさい。そうすれば病気で苦しむ人々のもとをお地蔵さまが訪れて救ってくださいますよ」と伝えた。そのとおりに京都に六地蔵のお寺を建ててお参りしたら、悪い病気が消えてなくなった。これを機縁に地蔵盆を始めたということである。

【参考文献】『浄土宗大辞典』浄土宗出版

著者の園では、事前に指令台を園庭の中央に移動してやぐらにする。紅白の幕を張り、四方に柱を立てて提灯をつるし、その柱から園庭の四方に向けて電線を張り、電灯に提灯を着けて

張り巡らし、夜になり暗くなると提灯に点火して、盆踊りにふさわしい雰囲気、環境設定を行う。子どもたちは浴衣に着替えて、夕方5時から本堂に集まり、おまいり、各クラスの当番が線香をささげ、園長が読経、その後、教員による地蔵盆に因んだ大型紙芝居を見て、園庭に集合、練習を重ねてきた盆踊りを親子で披露する。中心のやぐらでは、園長と保護者のできる方が交代で太鼓をたたく。夏の幼稚園行事として、保護者も子どももともに園庭で盆踊りを一緒に踊るのは、皆楽しみにしている行事である。盆踊りの後は、花火鑑賞がある。吹き出し花火、打ち上げ花火を準備して、安全な距離をとって打ち上げる。個人の家ではなかなか大きな花火を打ち上げることは難しい環境にある子どもたちは、大変喜んで鑑賞する。

5 その他の仏教保育行事

I. お彼岸

　3月春分の日と9月秋分の日ともに、国民の祝日と規定されている。毎年2回お彼岸の行事が開催され、各仏教寺院では、彼岸法要説教や講演会、先祖回向などが行われる。彼岸の意味とは、仏教では輪廻の迷いの世界をこちら側の岸という意味で「此岸」と呼ぶのに対し、悟りの世界のことを彼方の岸という意味で「彼岸」と称する。例えば、筏（仏教の教え）で激流（欲望・煩悩）を克服して彼岸（悟りの境地）に至ると述べられているのをはじめとして、最初期の仏教から頻繁に用いられてきた比喩表現である。ただし、浄土教においては、彼岸は悟りの境地の意の他に、（極楽）浄土を意味する場合も少なくない。例えば「衆生を極楽の彼岸に運ぶ」「生死の大海を渡って極楽の彼岸に届く」などである。なお、この彼岸（悟り）に到ることを「到彼岸」と呼ぶが、その原語は pāramitā（パーラミター）であり、これは「波羅蜜」「波羅蜜多」と音写され、そしてその「到彼岸」のための行が「六波羅蜜」となる。

　すでに、苦のない境界に到る方法・「八正道」を説明したが、大乗仏教では、苦のない境界（彼岸）に到る方法に「六波羅蜜」が説かれる。すなわち、布施（貪欲の心を退治して施しをさせていただく修行）、持戒（仏から与えられた戒めを守る）、忍辱（瞋恚の心を対治して、迫害困苦や侮辱等を忍受する）、精進（懈怠の心を対治して、身心を精励して、他の五波羅蜜を修行する）、禅定（心の動揺・散乱を対治して、心を集中し安定させ、真理を思惟する）、智慧（愚痴の心を対治し、迷いを断ち、真理を悟る）である。

　特に浄土教では、昼と夜の長さが同じとなり、真西に向かって太陽が沈むので、その方向に極楽浄土が存在することから、観経曼陀羅を掛けて、日想観（真西に沈む太陽を見て極楽の様子を心に思い浮かべる観相）を説教で解説することも多い。また、六波羅蜜や観相ができない凡夫には彼岸（極楽浄土）に至る方法として念仏を称えることを勧める。

【参考文献】『新纂浄土宗大辞典』浄土宗出版

Ⅱ. 放生会や人形供養

すでに涅槃会の項で説明したが、お釈迦さまのみ教えは、ただ人間だけを救う教えではなく、命ある生きとし生けるもの全てを救いとる教えである。我々人間が、生きていくうえで、他の動物・植物の命をいただかなければ生命維持ができない。給食のとき、子どもたちに食事に対して感謝の言葉で称えること、残さないよう、こぼさないように食べる指導はこの観点よりきている。「いただきます」「ごちそうさま」の言葉は、食事の始めと終わりの合図ではなく、他の動物・植物の命をいただくこと、おいしい食事を作ってくれた多くのご縁ある人々への感謝の気持ちの表れである。

そのように、人間のために殺されて食物となっていった生きとし生けるものに対して、感謝の心をもって、魚を池や川に放つ法会が、放生会である。寺院には、放生池があって、魚を感謝の読経の後、池に放つことを長年にわたって行ってきた。

著者の経験を述べると、日本仏教保育協会で、インドの菩提樹学園の周年事業に参加するための研修旅行が企画され参加したときのことである。ヴァラナシで聖なる沐浴を見学するため、ガンジス川を小舟で遡っていたとき、インド人が別の小舟で近づいてきて、「善行を積ませてやるから、この魚を買ってガンジス川に逃がしてくれ」と言う。つまり、放生会をするため魚を購入してガンジス川に逃がしなさいということである。私は喜んで魚を購入してガンジス川に放した経験がある。その功徳によってかインド旅行はとても有意義なもので、事故ひとつなく研修が満了した。

同じように人形供養、印鑑供養なども、元々物ではあるが、命を与えられて、人々に楽しみを与えたり、大事な証明を果たしたりしてくれた人形や印鑑を、古くなったり壊れたりしても、

ただ捨てるのではなく、感謝の気持ちをもって読経の後ていねいに葬ることも命を大切にする仏教ならではの行事である。子どもたちに、教材として使う画用紙の切れ端やクレヨン、絵筆なども粗末にせず、最後まで使い切ることを指導することも、同じ心である。

Ⅲ. 宗派独自の行事

古くから日本国十三宗といって、華厳宗、法相宗、律宗、天台宗、真言宗、融通念仏宗、浄土宗、浄土真宗、時宗、臨済宗、曹洞宗、日蓮宗、黄檗宗の十三宗の宗派が数えられ、もっと細かな派も存在する。各宗派には、宗祖さまをたたえる独自の行事が存在する。著者の寺では、浄土宗の宗祖法然上人の遺徳をたたえる御忌法要が厳修されるが、園の子どもたちもその日は、希望者がお稚児さんの衣装を着て、化粧をして稚児行列に参加する。稚児を3回すればその子が幸せな人生を送れるという信仰があり、毎年多くの稚児の参加があり、賑やかな法要となる。

6 成長の節目を祝う行事

　1年の間には、昔から節目節目にさまざまな行事が行われ、今に続いている。厳密には仏教行事ではないが、中国から伝わった行事も行っている。子どものときに伝統行事を経験することは、日本の伝統を継承するためにはなくてはならないものである。よくよく考えてみると、人間は生活を怠惰に過ごせば、どんどんだらしない生活となる。節目の行事は、怠惰な心を入れ替え活性化させるための大事なものといえるであろう。

　節分とは、本来各季節の始まりの日（立春・立夏・立秋・立冬）の前日のことで、節分とは「季節を分ける」ことも意味している。江戸時代以降は特に立春（毎年2月4日ごろ）の前日を指す場合が多い。つまり旧暦の大晦日である。季節の変わり目には邪気（鬼）が生じると信じられていたため、それを追い払うための悪霊ばらい行事が執り行われていた。

　著者の寺では、毎年節分の日に年男年女を中心に、ますに豆や縁起物を入れて盛大に追儺式

を執り行っている。園の子どもたちは、それぞれ自分のますを折り紙で作り、豆を入れて「鬼は外、福は内」と大きな声で、本堂の浜縁から豆をまく。鬼の役の子は、浜縁の下で、鬼の面をかぶり豆を受ける。それぞれ交代で豆まきを盛大に行う。節分に対して、子どもにする指導は、鬼は、心に住む悪い心である。三毒煩悩ともいわれるが、むさぼり、怒り、愚かさ、そして楽な方へと向かいやすい怠惰な心である。それらの悪い心を追い出して、福徳をいただくような心構えで、豆をまくように指導する。

　入園式や卒園式も大事な仏教保育の行事である。著者の園では、本堂に入り、仏さまに線香をあげ、お参りをしてから、式を行う。園長は、子どもの記憶にいつまでも残るよう荘厳衣を身に着けて、お話ししたり、修了証書を渡したりする。姿は大切なもので、子どもたちは大人になってからもそのときの場面は脳裏によみがえるであろう。

（村上真瑞）

第7講

仏教保育の教材

教材開発委員会

杉本育美

樋口明道

秋山由美

陣之内勝子

奥平森介

1 仏教保育三綱領と教材

悟りをひらき真実を明らかにされた「仏陀＝仏（明るく）」と、その教えの内容である「達磨＝法（正しく）」、お釈迦さまの弟子でありその実践者の集団である「僧伽＝僧（仲よく）」の３つを仏教では「三宝」と言い、この三宝を人生の宝と深く心に思う決意を、「三帰依（仏法僧の三宝に帰依する）」という。日本仏教にはさまざまな宗派があり、各宗派が各々の教義を信奉しているが、「三宝に帰依する」ことは宗派を超えた仏教共通の理念である。

日本仏教保育協会では、通仏教（仏教共通）の立場から「三帰依」を仏教保育三綱領とし、掲げている。

仏教保育三綱領は、

1 仏―慈心不殺（生命尊重の保育を行おう）「明るく」
2 法―仏道成就（正しきを見て絶えず進む保育を行おう）「正しく」
3 僧―正業精進（よき社会人をつくる保育を行おう）「仲よく」

である。

仏教保育者は、日々の保育や仏教保育行事を通して人の正しいあり方、生き方を子どもたちに示し、ともに育っていくのである。その実践のうえで身の回りにあるあらゆるものが、保育者が保育実践する助けになる。園舎などの施設、机や椅子、トイレや水道などの設備、園庭の木々や草花、ウサギや小鳥、遊具やおもちゃ、絵本や紙芝居など、仏教保育者はこれらを教材・教具とし、保育を進めるうえで、上記の「三綱領」をよく理解して欲しい。

Ⅰ. 仏―慈心不殺
（生命尊重の保育を行おう）
「明るく」

第一綱領の「仏―慈心不殺」について考えてみよう。

経典に「山川草木 悉有仏性」という言葉がある。「仏性」とは仏となることができる性質という意味である。人間だけではない。動物も植物も、山や川にもことごとく「仏性」があるという言葉である。このような仏教思想のもとに仏教保育を考えると、仏教保育とは生命の「ある・なし」を超えた、物の存在の価値を認める

保育ということになろう。このことからすると、この世に存在するもので仏教保育の教材にならないものはない。

　たとえば、道端に咲いている野の花も、地面をはっている小さな虫も、あるいは、頬をなでる風も、軒先から落ちる雨だれも全てが保育の教材になることになる。これら自然のなかにあるものを「悉有仏性」と捉える視点が、仏教保育に携わる保育者の資質として求められるのである。

Ⅱ. 法―仏道成就
（正しきを見て絶えず進む保育を行おう）
「正しく」

　次に、第二綱領の「法―仏道成就」について考えてみよう。

　仏教は「智慧と慈悲」の教えである。「智慧」とは正しきものを見極める力をいう。

　また「慈悲」とは他に対して慈しみの心と哀れみの心、いわゆる思いやりをもつことである。これら智慧と慈悲は理念のみであってはならない。日常の保育のなかでいかに実践するかが重要で、仏教保育12か月の徳目はその思想から成り立っている。

Ⅲ. 僧―正業精進
（よき社会人をつくる保育を行おう）
「仲よく」

　最後に、第三綱領の「僧―正業精進」について考えてみよう。

　仏教において「業」とは「行い」のことであ

る。また「僧」とはいわゆるお坊さんのことではなく、「僧伽」と言い、同じ目標に向かって集まる集団のことを言う。「仏さまのような智慧と慈悲のある人を目指すために、正しい行いをしましょう」というのが正業精進であり、仏を目指している人々が「僧」である。仏教保育においても保育者は、子ども、保護者はもとより、自分をとりまくあらゆる人々に対して平等にやさしく接することを心がけ、よき社会人をつくる保育に努めるべきである。

　また、平成29年改訂（定）の『幼稚園教育要領』『保育所保育指針』『幼保連携型認定こども園教育・保育要領』では、幼児期の終わりまでに育ってほしい姿として「10の姿」が挙げられている。

　仏―慈心不殺は「自然との関わり・生命尊重」であり、法― 仏道成就は「道徳性・規範意識の芽生え」、僧―正業精進は「協同性」や「社会生活との関わり」である。また、それぞれにまたがる姿もあるが、仏教保育三綱領をこの「10の姿」を通して捉えることにより仏教保育教材への応用が図られるのではないだろうか。

　以上、3つの基本「仏法僧（明るく 正しく 仲よく）」をもとに「仏教保育教材」として考案された教材について、その目的、特性、活用方法、対象年齢などの理解と研究が必要である。また、同時に保育者自身が自ら考案し、既存のものに手を加え、それぞれの地域、時代にあった「仏教保育教材」を生み出していってほしい。

2 年間の仏教行事のなかで

仏教保育行事のなかでも、『三仏忌』（注1）と総称される３つの行事「花まつり（降誕会）」「成道会」「涅槃会」は、ほとんどの仏教系の園で大切に取り組まれている。

三仏忌の保育の意義と内容は第６講の通りであるが、実際の保育現場での事例から仏教保育教材について考えてみる。

仏教行事は、参加者の五感を通して感じられるような実施方法がとられることが多い。それは、「雰囲気」「道具」「衣装」「音」「香」「味」などさまざまである。

まず第一に、園児と保育者が一堂に会する会場である園のホールや講堂、あるいは寺院の本堂などを厳かな雰囲気に整える。これを「荘厳する」という。

次に、仏さまに園児の代表等が、①灯明（ろうそく）、②お香（一般にはお線香）、③お花の３点をささげる。これを「献灯・献香・献華」（注2）といい、金属製の幼児用のセットが多く用いられる。また、お供物として水やお茶、お菓子や果物をお供えしたりもする。代表の園児は背中に法輪（仏教のシンボルのひとつ）を刺繍した三角形のケープをまとうことが多い。

入堂（会場に入ること）にあたっては、「四弘誓願」の曲をかけたり、合掌（手を合わせて祈る）にあわせて黙想の曲を弾いたりする。また、「花まつり」であればお釈迦さまの誕生を祝う「花まつりの歌」、成道会であればお悟りを祝う「成道会の歌」「銀の星」などを合唱するとよい。

三角形のケープをまとい厳かな雰囲気でおつとめする

園児による献灯

（注1）
「忌」とは命日の意味をもつ。ところがこの３つの行事はお祝いの意味をもつことから「３つの記念日」とする仏教系の園もある。
（注2）
お茶を供えることを「献茶」という。また、果物を「水菓子」、お菓子を「干菓子」とも呼ぶ。

花まつりの「花御堂」

花まつりの行事
白い象の山車を引いて練り歩く

　これらを「讃仏歌」といい、教材として仏教保育の歌の楽譜やテープ、CD がある。76 ページで詳しく紹介しているので参考にしてほしい。

　お釈迦さまのお誕生やその生涯についてわかりやすく説いた絵本や紙芝居、ビデオもたくさんあるが、多人数を対象にしたものとして「絵解き」や「絵ばなし」がある。

　花まつりでは、特別な道具立てとして、誕生仏を中央に安置した「花御堂」を組み立て、お参りするときにはお釈迦さまの誕生を祝って甘露の雨が降り注いだという故事にならい、誕生仏に甘茶をかけ、甘茶のティーパックや飴をお土産とする。

　仏教系の園によっては、白い象の山車を園児みんなで引き、町を練り歩くなど大型の行事とするところもある。

　花まつりは「降誕会」あるいは「灌仏会」とも呼ばれ、4 月 8 日が本来であるが、地域によっては雪が解け暖かくなった 5 月 8 日に行われるところもある。5 月には新入園児が落ち着き、行事に安定して参加できるとの工夫もある。

　三仏忌のどの行事も、ただ単に儀式として終始してしまうのではなく、事前または当日などに、お釈迦さまの伝記が描かれた絵本や紙芝居、ビデオ、パネルシアターなどの教材を活用して行事の意味と今に生きる私たちの生き方をつなげて考える場にしたいものである。

三仏忌以外の仏教保育行事としては、7月あるいは8月の「お盆」や3月と9月の「彼岸会」などがあるが、その取り組みについては第6講を参照してほしい。

子どもたちにとって、家族や友達との楽しい時間が思い出となり、仏教行事への理解と親しみにつながる心の根となるよう、皆で大切に過ごしていきたい。

3 日常の保育のなかで

乳幼児期は、子どもが生涯にわたる人間形成の基礎を培う極めて重要な時期であり、一人ひとりの子どもがどのように守られ、育てられ、子ども時代にふさわしい経験を積むかは、その後の成長・発達に大きく関わっている。

仏教保育は、特別な保育を行っているわけではなく、また、仏教行事のみを重要視しているわけでもない。仏教の理念に基づき仏教的環境のなかで「生命尊重」を実践している。

身の回りの全てのものに、命があり、あらゆるものが保育者の毎日の保育実践を助け、高め、深めてくれる。日々自然にしていることが、仏教の教えを伝える教材になるのである。

手を合わせてごあいさつ

ごあいさつ －感謝－

幼い子どもたちにとって、日々「ののさま」(注1)「仏さま」の存在がはっきりしているわけではないが、登園の際、毎朝子どもたちと保護者が「おはようございます。今日も一日お願いします」とお地蔵さまに手を合わせ、降園の際は、「今日も一日ありがとうございました」と見守っていただいて、無事に過ごすことができたことに感謝の気持ちを表す。

昼食が始まる前には、歌を歌ったり、手を合わせて「いただきます」の挨拶をする。

食べ物に対する感謝とお弁当や給食を作ってくれた方への感謝の気持ちを伝える。

保育者がまず率先して行い、その姿を見せることが大切である。

出席カード

各園で扱い方や時間はさまざまである。例えば登園後すぐであれば、部屋に入り身支度等をした後、カレンダーを見ながら出席カードにシールを貼る。「今日は何日、何曜日かな？」「なにをして遊ぼうかな？」などと活動への期待を膨らませる。

出席カードにも仏教版があり、仏教行事にちなんだ絵が描かれ、子どもたちが仏さまに興味をもつ手がかりとなる。三仏忌（お釈迦さまのご生涯）や仏教行事（盆・彼岸）等をイラストやシールに取り入れ、仏教の教えを視覚的にわかりやすく構成した教材である。毎日カレンダーやイラストを目にしたり、シールを貼りながら日付とともに実感したりすることで、幼い子どもたちにも仏教的な心もちをわかりやすく伝えることができる。

「出席カード（仏教版）」
日本仏教保育協会編集
フレーベル館販売
仏教の行事が予定の欄に入っているので、仏教行事に親しむことができる。

（注1）
「ののさま」は「仏さま」の意であるが語源は定かではない。一説に、仏さまを拝むときに「南無阿弥陀仏」などと繰り返し唱えるお念仏が、「なむあみだ」→「なんまいだ」→「なん、な……」→「のん、のん……」→「のの」と転じたというなどの説がある。あるいは幼児語で礼拝を「ナムナムする」「のんのんする」ともいう。

保育活動の一端 ―「いのち」を感じる―

○昆虫や植物から

日々生活していくなかで、動物、昆虫、植物などを育てる機会がある。

たとえば、カブトムシのオスとメスを容器に入れ、子どもたちとともに保育者も餌の蜜や木片などを清潔に保つために清掃し世話をする。カブトムシが住みやすいように本来の住み処のことを調べ、容器の中を同じような環境に保てるようにする。このカブトムシは教材ともいえるであろう。

容器のそばに図鑑を置くと興味をもった子どもはカブトムシの生活、幼虫、育ちなどを学ぶ機会を得ることもでき、観察をしながら製作に発展することもある。

生きものの予期せぬ死に直面することも、生命への学びにつながる。

たくさん遊んでくれた玩具に
感謝の心でお別れ

○人形などの玩具から

また、楽しく遊んでいた玩具が壊れてしまうこともあり、そのような時、子どもたちは悲しみの表われをする。大切に扱わなければ壊れてしまうことを伝えるよい機会となり、その時の保育者の声掛けに「一緒に遊んでくれてありがとう」など、玩具に感謝の気持ちと大切に扱う約束をする。

動物供養や玩具供養を行い、墓をつくって花を供え、別れを惜しむ気持ちを抱く、そのような子どもに育ってほしい。

4 仏教保育の視聴覚教材

行事の教材
パネルシアター・掛け図・製作活動

保育活動を行うにあたっては、子どもたちがわかりやすく理解できるように、いろいろな感覚（目・耳・鼻・口・肌）から伝えられるような教材を利用することが多い。大人は理屈だけで納得できることもあるが、経験の少ない子どもにとっては難しい。さまざまな教材は、子どもたちが実感を伴って理解するために活用できるだろう。ここでは、子どもたちとともに仏教行事を行うときに使用する、視聴覚教材について紹介する。

保育室や本堂で行うことが多いが、行事の日に子どもたちに内容を知らせるものとして、パネルシアターや掛け図などを活用する。

パネルシアターは、フランネルなど毛羽立った布がくっつく性質を生かしたもので、パネルに絵人形を貼ったり剝がしたりしてお話を展開していく。

掛け図は、「めくり絵」とも呼ばれ、お話を描いた絵をカレンダーのようにつづり合わせたもので、お話をしながらめくって見せていく。どちらも、目と耳と両方でお話を楽しむことができる。

たとえばお釈迦さまのお悟りを祝う「成道会」に子どもたちがお釈迦さまの姿を保育者とともに製作し、玄関に掲示することで行われる行事の意図を知らせるきっかけとなる。

自分たちで作ることで、楽しみながら仏教の教えが伝わっていく。目的に合わせてさまざまな教材を活用してほしい。

「お地蔵さままつり」の手作りパネル

掛け図を見ながら、「成道会」のお話を聞く

日々繰り返す「読み聞かせ」「絵本」など

日々の生活のなかでも、子どもたちはお話を聞くのが大好きである。仏教をテーマにしたものでなくても、お話のなかには子どもたちの見も知らない世界が広がっている。子どもたちはお話を聞くことにより、お話のなかで想像を膨らませ現実的に捉えることができる。

好きな絵本を何度も繰り返し読んでほしいと保育者にせがむこともある。その要求に寄り添うことで、子どもの気持ちを十分に満たすことができるだろう。また、繰り返し読むことにより、読んでもらう保育者によって、一緒に聞く友達によって、その時々の環境によって、お話に対する理解や感じ方の変化が期待できる。可能な限り、子どもの要求に寄り添って読んでほしい。

仏教をテーマにした絵本もある。経典の中の話、あるいは仏教説話（例：ジャータカ）などがある。

仏教を子どもたちに伝える際、何度も繰り返し読み聞かせてみるのがよい。何度も繰り返すうち、保育者自身が話の意味を理解し、それが子どもたちに伝わるはずである。

また、絵本だけでなく、紙芝居など子どもにわかりやすいものは利用してほしい。いろいろな形で見たり聞いたりすることで、子どもの心のなかに蓄積していくからである。

絵本や紙芝居を通して説話が伝わったら、劇遊びなどに発展させてみたい。何度か繰り返すなか、役柄を変え表現することで、他者への思いやりの心の育ちが芽生えてくる。64～65ページに述べた仏教保育三綱領と幼児期の終わりまでに育ってほしい姿（10の姿）にある、特に温かな心、やさしい心、思いやる心、人としてもっとも大切な心を育てる大切な教材となる。

写真提供／光明幼稚園・小岩みどり幼稚園・今泉保育園
妙福寺保育園

おすすめの教材

絵本

ジャータカものがたり
『あわてんぼうウサギ』

―あらすじ―

あわてんぼうのウサギが、大きな音を聞きつけて、「世界が壊れた！」と思い込みます。森の動物たちは、大騒ぎ。そこに現れた森の王様、ライオンが「本当のことを自分の目で見極めることが大切だよ」と諭します。

２月の徳目「禅定静寂（ぜんじょうせいじゃく）」を伝えることができるお話です。

絵／バーサンスレン・ボロルマー　文／中川素子、小学館

絵本

『ぼくの おまいりが ながーい わけ』

―あらすじ―

主人公の「ぼく」は、お仏壇の仏さまやご先祖様に手を合わせて、「赤ちゃんが無事に生まれますように……」とお参りをしています。お参りのとき、心の中には「ぼく」がお兄さんになったらがんばりたいと思うことがいっぱい。イメージは宇宙の果てまで広がっていきます！

でも、それだけじゃないんです。「ぼく」が本当にお願いしていたこととは……？

かわいい赤ちゃんを囲んだ家族。感謝にあふれた最後のページが印象的です。

作・絵／村田夕海子、
公益財団法人仏教伝道協会

素話

仏教以外の話でも仏教教義として活用できるもの、たとえばイソップ物語や日本昔話なども仏教保育の教材として活用できる。

絵本や紙芝居等、子どもたちにいつもお話をしていると、保育者は自然に覚えてしまうものである。その力を生かして、絵本を見ずに子どもにお話を伝えることを「素話」という。素話をするときは、子どもの表情がよく見える。そのため、保育者も演じやすく、子どもも内容を受け止めやすい。その上で、話に抑揚をつけたり、話に登場するもの（人物・動物・場所等々）をアレンジするなど、子どもたちがより興味をもって保育者の話に耳を傾けるような工夫ができる。いつでもどこでもできるので、素話のレパートリーが増えることで、保育者自身の引き出しが増えるのも利点の一つであろう。

子どもたちにとって、絵本や紙芝居と違って、視覚ではなく聴覚からのみの情報なので、一人ひとりが自由に、異なる世界を想像することができる。絵本どころか動画が主流の世界で生きている子どもたちにとって、イメージする力が育ち、お話の楽しさを十分に味わうことができる素話も、新鮮で貴重な教材といえる。

たとえば、73 ページで紹介した絵本などは、素話の素材としても活用できる。

その他、三仏忌（花まつり・成道会・涅槃会）、お盆、お彼岸、宗祖のお話等、素話の題材になるお話はたくさんある。既存の絵本やパネルシアターの台本なども素話に活用してほしい。

おすすめのお話

『かさじぞう』

寒い冬の年末、心優しいおじいさんとおばあさんが、道ばたのおじぞうさまに笠やてぬぐいをかぶせ、最後には幸せになる物語です。貧しくとも、信仰の心を忘れないやさしいおじいさん、おばあさんの姿勢から学ぶものは多いはず。劇あそびなどにも展開しやすいお話です。

(P.75 参照)

『さんびきのこぶた 』

3 びきのこぶたの兄弟は、それぞれわらの家、木の家、レンガの家を建てました。そこに、おおかみがやってきて…。コツコツ努力することの大切さ、11 月の徳目「精進努力」を伝えることができるお話です。

『「おやすみなさい」のお話集第一集　日本・世界のおはなし 101 話』チャイルド本社刊に収録されている。

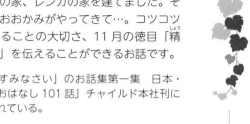

やさしい心が伝わる昔話
『かさじぞう』

『チャイルドブック』昭和 53 年 12 月号より
絵／鈴木未央子

①あしたは　おしょうがつ。
「こまったね、もちを　つく　こめも　ない。」
「すげがさを　うって　こめを　かってくるから
　まっていておくれ。」

②まちまで　きたけれど、すげがさは　ひとつも
　うれなかった。
「ゆきが　ふってきたか。しかたがない、
　かえると　しよう。」

③「おや　おや、じぞうさま。かさが　なくて
　さぞ　つめたかろう。かさが　ひとつ
　たりないな。わしの　かさを　あげよう。」

④「かさは　うれなかったよ。じぞうさまに
　ぜんぶ　やってきた。」
「いいことを　しましたね。
　もちなど　なくても　へいきですよ。」

⑤まよなかの　こと。
「おばあさんや、なにか　きこえるね。」
「よいしょ、よいしょ！」
「あっ、かさを　あげた、じぞうさまたちだ。」

⑥じぞうさまたちは、おこめの　たわらを、
　どさ　どさ　どさっ！
「ありがたい　ことよ。」
「これで　もちが　たくさん　つけますね。」

（おしまい）

5 仏教保育の歌
─ 讃仏歌 ─
（さんぶっか）

　讃仏歌とは、仏教を讃えるための歌である。仏教行事や仏教の情操を養うのに活用できる歌を含めて、シーンや目的別に「日常の保育のなかで」「讃仏歌」「仏教行事のなかで」に分けて紹介する。

Ⅰ. 日常の保育のなかで

「せんせい　おはよう」
三橋あきら 作詞、本多鉄麿 作曲
1. せんせい　おはよう
   みなさん　おはよう
   きょうも　なかよく
   あそびましょう
2. ことりも　おはよう
   おはなも　おはよう
   きょうも　なかよく
   あそびましょう

「さよなら　ほとけさま」
三橋あきら 作詞、本多鉄麿 作曲
きょうも　たのしく　すぎました
あしたも　なかよく　あそびましょう
さよなら　さよなら　ほとけさま
せんせい　みなさん　さようなら

〈このほかの日常の保育の歌〉
「おはよう」
内山憲尚 作詞、深沢一郎 作曲

「おててをきれいに」
塚本章子 作詞、今村まさる 作曲

「おべんとうのうた」
高橋良和 作詞、松濤 基道 作曲

「おやつのうた」
内山憲尚 作詞、松濤 基道 作曲

「おかえりのうた」
斉藤良光 作詞、松濤 基道 作曲

「さようならのうた」
髙橋良和 作詞、松濤 基道 作曲

「またあした」
三橋あきら 作詞、本多鉄麿 作曲

「おやすみのうた」
三橋あきら 作詞、本多鉄麿 作曲

「おともだち」
三橋あきら 作詞、本多鉄麿 作曲

「たんじょうび」
三橋あきら 作詞、本多鉄麿 作曲

「ほんと」

　　三橋あきら 作詞、吉川孝一 作曲

「やくそく」

　　三橋あきら 作詞、本多鉄麿 作曲

Ⅱ. 讃仏歌

「ののさまに」

　　賀来琢磨 作詞、作曲

　　ののさまにあげましょ

　　きれいな　おはな

　　ののさまに　あげましょ

　　きれいな　おみず

「ね　ね」

　　三橋あきら 作詞、本多鉄麿 作曲

　　１．のんのん　ののさま

　　　　子どもが　おすき

　　　　ね　ね

　　　　仲よく　みんなで

　　　　おがみましょう

　　２．のんのん　ののさま

　　　　お花が　おすき

　　　　ね　ね

　　　　仲よく　みんなで

　　　　あげましょう

「しっている」

　　賀来琢磨 作詞、本多鉄麿 作曲

　　１．ののさまは

　　　　口ではなんにも

　　　　いわないが

　　　　ぼくのしたこと

　　　　知っている

　　　　知っている

　　２．（略）

〈このほかの讃仏歌〉

「のんのん　ののさま」

　　三橋あきら 作詞、本多鉄麿 作曲

「ののさま」

　　水谷式夫 作詞、作曲

「お眼々の　ののさま」

　　塚本章子 作詞、緑川映二 作曲

「ののさまですね」

　　勝島俊子 作詞、井上一朗 作曲

「ほとけさま」

　　三橋あきら 作詞、本多鉄麿 作曲

「仏さま」

　　山田 静 作詞、小松耕輔 作曲

「おちかい」

　　高橋良和 作詞、松濤 基 作曲

「おねんじゅ　おててに」

　　小谷蓮乗 作詞、樋口信雄 作曲

Ⅲ. 仏教行事のなかで

「花まつり」

安藤徇之介 作詞、曽我晃也 作曲

1. ちらちら　さくらの　花が散る
   おもちゃの国は　花まつり
   ぴいちく　ことりの　声も　する
2. ちいさい　赤ちゃん　おしゃかさま
   にこにこ笑って　象の上
   ぴいちく　ことりの　声もする

「たままつり」

内山憲尚 作詞、玉山英光 作曲

1. そよそよかぜの　ふくたびに
   のきばにつるした　おむかえの
   とうろうのあかりも　ゆれている
   きょうはしずかな　たままつり
2. むかえび　たきましょ　もやしましょ
   おそなえものは　なすと　うり
   こころを　こめて　わたしらの
   ごせんぞさまを　まつりましょう

「お彼岸」

長田恒雄 作詞、清水 脩 作曲

1. おひがん　おひがん　おひがんさん
   おてらへいって　おまいりしましょう
   おはなもきれい　おべべもきれい
   おひさまにこにこ　よんでます
2. おひがん　おひがん　おひがんさん
   おはかへいって　おまいりしましょう
   とうさんも　いっしょ
   かあさんも　いっしょ
   ことりも　ぴよぴよ　よんでます

「成道会のうた」

三橋あきら 作詞、本多鉄麿 作曲

ひがしの　そらに　おほしさま
きら　きら　きれいに　ひかるとき
みんなを　よいこに　するために
おさとり　ひらいた　おしゃかさま
きょうは　めでたい　じょうどうえ
みんなで　たのしく　いわいましょう

「涅槃会」

長田恒雄 作詞、下総皖一 作曲

1. みんな　みんな　ないてます
   おしゃかさまの　おなくなり
   けものも　ことりも　かなしそう
   ないてさよなら　いってます
2. みんな　みんな　おかげです
   おしゃかさまの　おことばを
   いまでも　きかせて　いただいて
   みんなよいこに　なるのです

〈このほかの仏教行事の歌〉

「こどもの花まつり」

賀来琢磨 作詞、本多鉄麿 作曲

「花まつりマーチ」

森 爽 作詞、玉山英光 作曲

「魂まつり」

賀来琢磨 作詞、本多鉄麿 作曲

「たのしいおぼん」

塚本章子 作詞、本多鉄麿 作曲

「お盆のうた」

権藤はな子 作詞、今村まさる 作曲

「もうすぐお盆」

小黒恵子 作詞、中田喜直 作曲

「お彼岸まつり」

賀来琢磨 作詞、本多鉄麿 作曲

「おさとりの会」

内山憲尚 作詞、松濤 基 作曲

『仏教保育聖歌集　改訂版』
鈴木出版

「仏教保育聖歌集　CD」
鈴木出版

6 保育者、保護者向けの教材

　乳幼児と関わる保育時間以外の教材として、保育者向けに「仏教保育カリキュラム」や「仏教保育のためのハンドブック」（鈴木出版）、保護者（家庭）向け教材として「ほとけの子」などがある。

　保育者は、日々保育を研鑽し、常に質の向上を図る必要があり、そのための一助として活用できるのが、「仏教保育カリキュラム」である。

　また、乳幼児の育ちを共有する保護者向けにも子育ての一助として毎月発行されているのが「ほとけの子」である。仏教保育に精通した住職（園長）のコラム、仏教説話、子どもの描いた仏さまの絵、現場保育者からの絵本紹介、子育て悩み相談コーナーなどが掲載されている。日々忙しく社会の中で過ごしている保護者が、ほんのひと時でも仏教的な心もちに触れることで、子育てへの思いが多面的になり、子どもたちへの理解が深まることが期待できる。

　日々の保育のなかでこれらの教材を使うことにより、子どもたちや保護者、地域の方々に「仏法僧」を伝えることができるであろう。

（教材開発委員会）

『仏教保育カリキュラム』
日本仏教保育協会編集／刊行

『ほとけの子』
日本仏教保育協会編集／
宣協社発行

第8講

平等の保育

〜 一人ひとりを大切にする仏教保育〜

髙輪真澄

私たちは一人でこの世界で生きていくことはできない。多くの人々と触れ合い、関係し合いながら生きている。そこに社会が生まれ、私たちは社会の一員として生活していく。社会にはルールが存在し、ルールを守って生きていくこ

とが求められている。しかしながらそのルールによって、息苦しい生活を送ることもある。ここでは現代社会に潜むこんなひずみを見つけながら、平等な世界そして「一人ひとりを大切にする仏教保育」を考えていきたい。

1 「いのち」を大切にする 保育

すでに本書では、第1講、第2講、第3講、第4講、第5講で、仏教保育では「いのちを大切にすること」がふれられている。それは仏教保育の根幹を成すことだからである。では仏教では「いのち」をどう考えているのだろうか。

詩人、金子みすゞさんは、「大漁」という詩の中で「いのち」について考えている。

> ### わたしと小鳥とすずと
>
> わたしが両手をひろげても、
> お空はちっともとべないが、
> とべる小鳥はわたしのように、
> 地面（じべた）をはやくは走れない。
>
> わたしがからだをゆすっても、
> きれいな音はでないけど、
> あの鳴るすずはわたしのように
> たくさんなうたは知らないよ。
>
> すずと、小鳥と、それからわたし、
> みんなちがって、みんないい。

> ### 大漁
>
> 朝やけ小やけだ
> 大漁だ
> 大ばいわしの
> 大漁だ。
> はまは祭りの
> ようだけど
> 海のなかでは
> 何万の
> いわしのとむらい
> するだろう。

作者は人間である「わたし」と鳥、そして金属でできた鈴も同列のものとみなし、同じ「いのち」を感じている。そして、それぞれがそれぞれの輝きをもって存在する。だから「みんなちがって、みんないい」と結んでいる。

作者は、「いわしのいのち」を人の「いのち」のように考えているのがわかる。

　お釈迦さまは「涅槃経」のなかで、「一切衆生　悉有仏性」と説かれた。それはすべてのものには、仏性がある。すなわち仏となる因をもっている。だから人もあらゆる生きものも、仏となるべき「いのち」をもっていると説かれているのである。

　私たちはそんな輝いている「いのち」のなかに暮らしている。だからそれぞれを尊重し、大切にしながら暮らしていくことが求められているのである。

　ところが、私たちはその「いのち」を食べ、利用して生きていかなければならないという存在でもある。またその「いのち」に上下関係をつけ、区別し差別して生きているのだ。

　大切な「いのち」を守っていくために、私たちは何をしていけばよいのだろうか。

2 人間としての生き方
― 人権 ―

　人間は本来誰もが幸せに生きる権利を持って生まれてくる。これを人権（Human Rights ヒューマン・ライツ）という。人権とは一人ひとりの生命や自由・平等を保障し、日常生活を支えている大切な権利であり、誰もが自分らしく幸せに生きることを追求し実現するためにもっているものである。また、私たちは社会において多くの人と関わりながら生きている。一人ひとりに尊重される人権があるとともに、「隣にいる」人にも等しく尊重される人権がある。人権は誰にも侵すことのできない権利であり、それゆえ、お互いに認め合い思いやることが大切である。

　しかしながら現代社会でも、いろいろな差別や偏見、ヘイトスピーチなど問題が後を絶たない。さまざまな人権問題が生じている背景として、人々のなかに見られる同質性・均一性を重視しがちな気質、非合理的・因習的な意識の存在等が挙げられるが、そのほかにも国際化、情報化、高齢化など社会の急激な変化も要因になっている。

　新型コロナウイルスのパンデミックにより、当初、感染者や医療従事者に対する差別、偏見、排除等の問題が発生した。人権問題は人権が侵されている特定の人の問題と捉えられがちだが、全ての人々の日常生活に関わっている問

題であり、誰もが加害者にも被害者にもなる可能性がある。まさに「自分の問題」なのだ。

では実際、どのような課題があるのだろうか。東京都では「東京都人権施策推進指針」の中で人権課題として次の事柄を挙げている。

1．女性
2．子ども
3．高齢者
4．障害者
5．同和問題
6．アイヌの人々
7．外国人
8．HIV感染者・ハンセン病患者等
9．犯罪被害者やその家族
10．インターネットによる人権侵害
11．北朝鮮による拉致問題
12．災害に伴う人権問題
13．ハラスメント
14．性同一性障害者
15．性的指向
16．路上生活者
17．様々な人権問題
　　（刑を終えて出所した人、個人情報の流出やプライバシー侵害、親子関係、国籍、人身取引等）

これらの課題は一つひとつ思い当たるものばかりである。みんなが幸せになるために、私たちにもできることがあるはずではないだろうか。

【参考文献】
『みんなの幸せをもとめて』
東京都教育庁地域教育支援部生涯学習課／編、2022年3月刊

3 仏教と平等観

人権問題の課題を解決する糸口として、仏教の平等の思想を考えてみよう。

お釈迦さまは今から約2,500年前の方であるが、すべての「いのち」を大切にし、仏の慈悲は平等であることを強調し、社会の一切の差別を否定された。

インドでは、お釈迦さまの時代から「カースト制度」といわれる「身分制度」があった。

1．バラモン …………… 僧侶、司祭
2．クシャトリア ……… 王族
3．ヴァイシャ ………… 市民　製造業
4．シュードラ ………… 奴隷　労働者

　自分が生まれたカーストによって、一生そのカーストを変更することができず、仕事も決まったものしかできない制度であった。お釈迦さまはその制度を否定し、自らの教団では、人々はカーストにとらわれることなく平等に暮らしていた。

　お釈迦さまは「賤しい人とはどんな人ですか」という問いに対して「生まれによって賤しい人となるのではない。生まれによってバラモンになるのではない。行為によって賤しい人ともなり、行為によってバラモンともなる」と説かれた。

　その一例として「ウパーリの出家」の話がある。

　マガダ国において、お釈迦さまはウパーリというシュードラ出身の青年を弟子とされた。その後、故郷に帰られた折に、義弟で次期国王候補のナンダ王子が、お釈迦さまの教えに帰依して仏弟子となろうとした。仏弟子となるには入門式の後、全兄弟子の足を頂戴して礼拝しなければならなかった。ナンダは身分の低いウパーリの足は汚いものだと思い込み、どうしても礼拝できなかった。お釈迦さまはためらうナンダに三度礼拝するように催促されたが、それでもナンダはウパーリの足を頂くことができなかった。そのとき、お釈迦さまは、「このインドにはガンジスやインダスなど多くの河川があるが、いったん海に流れ込めば、それらの水はみな同じ海水となるのだ。これと同じように、社会に差別があっても仏弟子となれば、みな兄弟なのだ。ナンダ、ウパーリの足に礼拝せよ」これを聞いたナンダは強く心を打たれて従ったのであった。

　このように、お釈迦さまは社会の差別を否定し、平等の社会の実現に励まれたのであった。

　1950年になってインドでは、カーストによる差別が、制度として禁止された。

4 一人ひとりを大切にする保育へ

保育を進めていくうえで、私たちはいろいろな人間関係に関わっていく。例えば子ども、保護者、保育者の三者の間で、またお互いに影響し合って保育が進められる。そのなかで、同和問題、外国人差別、子どもの権利に関する課題や男の子と女の子の差別、またLGBTQ（レズビアン、ゲイ、バイセクシャル、トランスジェンダー、クエスチョニング）、障害のある子とない子の問題など、人権や差別の問題と関わることがある。これらの原因で差別が生まれ、虐待が起こり、いじめも始まってしまう。子どもたちの人権が侵害されているのである。

最近、若者の間で「上級国民」という言葉が生まれた。辞書で調べてみると「インターネット・スラングの一種である」と書かれている。彼らの間にも、この社会で差別的な階級分化が進んでいるようである。

こうした世の中が進んでいくことはよいことなのだろうか。いいえ、なんとしても阻止しなければならないのである。現代の私たちの社会には、切り捨てようとしても捨てることのできないと思われている習慣や考え方が多くある。

しかし誰もが自分らしく幸せに生きていくことのできる権利を大切にするには、今までのことを考え直していくことが必要である。これから先、私たちは保育の現場においてさまざまな課題に直面するだろう。その時はお釈迦さまの教えを思い出してほしい。私たちは生まれながらにして平等なのである。人の価値はその行いによって変わる。そして幸せになる権利を一人ひとりがもっている。平等で皆が幸せになることのできる社会へ、勇気をもって進んでいこう。

第9講では障害のある子とない子、ともに手を取りあってすすむ保育について「発達援助のあり方」と題し、石井正子先生に執筆いただいた。また第10講では、「持続可能な社会づくりに向けた人材の育成としてのESD」と題して、鈴木克徳先生よりすべての「いのち」を大切にする保育として、執筆いただいている。

「みんなちがって、みんないい」 そんな一人ひとりを大切にしていく保育こそ、私たちの仏教保育である。

（髙輪真澄）

【参考文献】
『わたしと小鳥とすずと　金子みすゞ童謡集』JULA出版局
『みんなの幸せをもとめて』東京都教育庁地域教育支援部生涯学習課／編
『ブッダのことば―スッタニパータ』岩波書店
『改訂 わかりやすい仏教保育総論』チャイルド本社
『仏本行集経』根津美術館蔵
『DVD版仏典物語 VOL.3』本願寺出版社

第 **9** 講

発達援助のあり方

石井正子

1 発達の障害と発達援助

さまざまな原因で発達に障害のある子どもたちがいる。生得的な心身の障害によるもの、不利な環境や不適切な養育によるもの、事故や災害に起因するもの等々。乳幼児期の発達の障害は、将来にわたって広範な影響を及ぼすことが多く、子どもたちがもてる力の発揮を妨げ、自己肯定感を下げることにつながる。しかし、発達に障害があったとしても、適切な発達援助があれば、可塑性に富む子どもたちの未来の可能性を大きく広げることができる。子ども自身がもつ心身の機能の障害については改善が難しくても、二次的に起きる能力獲得の制限や、三次的に起きる社会参加の制限は、乳幼児期からの保育や、教育の工夫によって防ぐことが可能になる。

ここでは、心身の障害に焦点を当て、幼稚園や保育所、こども園等の通常の保育の場に障害のある子どもたちを受け入れ、発達を支援していくことの意義、発達援助に必要な知識、支援の方法について学びを深めていこう。

2 インクルーシブ保育の考え方

日本において、障害のある幼児を保育の対象とする制度は、1970年代に始まる。1974年には厚生省（現 厚生労働省）から「障害児保育事業実施要綱」が出されたことにより、制度として、健常児を対象とした保育のなかに障害児を受け入れる「統合保育」が開始された。この時代に統合保育が実施されるようになった背景には、就学前の幼児教育が普及してきたことや、

障害の早期発見、早期療育の必要性についての理解が広がったこと、障害のある人の生活を一般社会から排除せず、統合するべきであるというノーマライゼーションの考え方が普及してきたことがある。1973年の中央児童福祉審議会答申には、「障害児に対する一般社会の理解、早期発見、早期指導の施策が向上してきたことにともない、障害の種類と程度によっては障害

児を一般の児童と隔絶することなく社会の一員として、むしろ一般の児童とともに保育することによって障害児自身の発達が促進される面が多く、また、一般の児童も障害児と接触する中で、障害児に対する理解を深めることによって人間として成長する可能性が増し、そのことがまた福祉の理念の涵養に資する面が多い」と記載がある。

世界に目を向けると、国連が 1975 年に「障害者の権利宣言」を採択、1981 年を「国際障害者年」に指定し、障害のある人の生活を一般社会から隔絶せず、統合するべきであるというノーマライゼーションの考え方を示した。このような動きは、日本における統合保育の普及にも影響を与えていく。しかし、この時代の「統合保育」は、障害のある子どもの生活や活動を、可能な限り健常児に近づけることを目的としたものであった。

その後、2006 年に国連において採択された『障害者権利条約』の第 24 条「教育」には、「障害者を包容するあらゆる段階の教育制度及び生涯学習（an inclusive education system at all levels and lifelong learning) を確保する」と明記されており、「統合」から一歩進んで「イ

ンクルージョン」の理念が示されている。「インクルージョン」の理念は多様な人々の存在を前提とした共生社会の形成を目指すものであり、人間を「障害者」と「健常者」に分けて考えることをしない。

したがって、インクルーシブ保育においても「子どもは一人ひとりがユニークな存在であり、一人ひとり違うのが当たり前である」と考える。多様な子どもがいることを前提とした保育であるから、障害のある子どもに、健常児に近づくための努力を強いることはしない。どのような子どもも、一人ひとりが自己を十分に発揮し、自発的に行動できるように配慮し、必要に応じて「個別の教育的ニーズ」に応じた支援を行うのがインクルーシブ保育である。日本が、「障害者権利条約」に批准したのは、国連での採択から 8 年後の 2014 年だったが、この 7 年間に日本では、学校教育法や障害者基本法が改正され、さらに障害者差別解消法が制定され、インクルーシブ社会の実現に向けて国内法の整備が進められたのである。

統合保育とインクルーシブ保育の違いは、図1のようなイメージである。

図1 統合保育とインクルーシブ保育

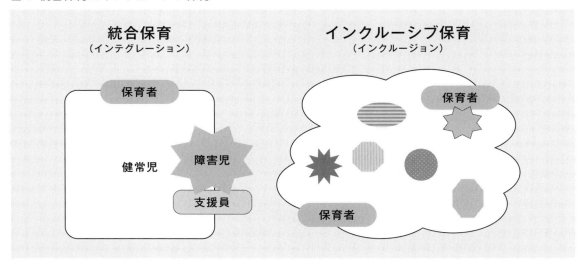

3 さまざまな心身の障害について

幼児期から児童期にかけて明らかになる心身の障害には、図2のようなものがある。子どもたちの発達は、さまざまな原因によって広い範囲で影響を受ける。例えば、視覚に障害があることは、視覚情報の理解を妨げるだけでなく、事物の概念理解や運動発達の遅れの原因にもなりうる。また、聴覚の障害は言語発達の遅れやコミュニケーション能力の発達にも影響を与える。

障害のある子どもたちを保育のなかに受け入れ、支援を行っていくためには、積極的に障害のある子どもたちについて学び、障害特性について理解を深めることが重要である。

図2 幼児期・児童期に明らかになる主な心身の障害の分類

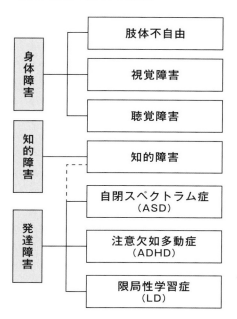

Ⅰ. 知的障害

知的機能（認知、記憶、思考、学習等の力）の発達水準がその子どもの実際の年齢の標準より遅れている状態（目安として知能指数70以下）を指す。実際に知的障害の診断がなされる際には、知能検査で測る知能指数の判定結果に、生活行動面での適応状態についての観察結果を加えて総合的に判断される。知的障害の診断の目安として使われる知能検査には、さまざまなものがあるが、主に物事の理解力、知識、記憶力、課題解決力を測定している。知能検査の実施が難しい乳幼児期には、「発達検査」から導き出される「発達指数」が知的障害の目安として使われる。

知的障害の原因は遺伝子や染色体などの異常があって起きるもの、母体の感染症や薬物の影響、外傷などによって起きるもの、出産トラブルなどによって低酸素や循環障害などが起きたことによるものなど、さまざまなものがある。そして、実際にははっきりした原因が不明な場合も多い。出現率は2～3％といわれ、生得的な障害の中では頻度の高いものである。

表1は成人後の知的障害の状態像を程度別にまとめたものである。知能指数や発達指数は知能検査で測られる精神年齢や、発達検査で測られる発達年齢が、実年齢の何％くらいの水準にあるかを目安として算出したものである。したがって、知能指数50の場合、実年齢が5歳であれば、目安として2歳半程度、実年齢が10歳であれば5歳程度の発達水準であるという

表1 知的障害の程度による分類　（東京都「愛の手帳交付要綱」をもとに作成）

分類	知能指数	成人における日常生活の困難度
軽度	おおむね50〜75	日常生活に差し支えない程度に身辺の事柄を理解できるが、時と場所に応じた臨機応変の対応は不十分。日常会話はできるが、抽象的な思考が不得手で、こみいった話は難しいので場合によっては支援が必要。
中度	おおむね35〜49	具体的な事柄についての理解や簡単な日常会話、ごく簡単な読み書きができる。声かけ等の援助のもとで社会生活が可能。
重度	おおむね20〜34	生活習慣になっていることであれば、言葉での指示を理解し、ごく身近なことについては、身振りや2語文程度の短い言葉で表現することができる。日常生活では、個別的援助を必要とすることが多い。
最重度	おおむね19以下	ほとんど言葉を理解することができず、意思を伝えることや環境に適応することが著しく困難である。日常生活ではいつも誰かの介護を必要とする。

ことを意味する。ただし、知的発達の程度とは別に、身体発育の様相はさまざまであるので、体型や運動能力の面では年齢相応に発達している場合も多い。特に、中〜軽度の知的障害の場合は、一見しただけではわからない障害であることで、障害に気づくことが遅くなったり、対応が遅れたりすることにつながる場合もある。

実年齢や身体的な成長にとらわれて、過大な目標設定をすると、子どもも保護者も保育者もストレスが高まり、問題が大きくなる場合もある。見た目にとらわれず、子どもが今できること、援助があればできること、今はまだできないことを見定めて、スモールステップで、根気強く支援することが必要である。

Ⅱ．自閉スペクトラム症（ASD）

次の2つの特徴が3歳までに顕著にみられたときに、「自閉スペクトラム症」と診断される。

① 対人関係や社会的なやりとりの障害

乳児期には「人見知りや後追いがなく愛着関係を形成することが難しい」、幼児期には「呼んでもふりむかない、視線が合わない、他の子どもへ関心を示さない」などの特徴がみられ、自分から対人関係を形成することが非常に困難である。

言語発達の遅れがあり、なかなか意味のある言葉を話すようにならなかったり、言葉が出ても、オウム返しやひとりごとが多く、コミュニケーションの手段として使いこなすことに困難があることが多い。気に入ったコマーシャルの難しいせりふや、長い歌を暗記しているのに、簡単なやりとりの言葉が使えないなどという子どももいる。一部には、順調に獲得されていたかにみえた言葉が、2歳前後に消えてしまうといった例もある。

② こだわり行動・常同行動

こだわりが強く、何かしら興味をもったものや、物の位置、順序等が変化することに強い拒否反応を示す（同一性保持傾向）。儀式的な反復行動や、くるくる回る、目の前で手をひらひらさせて眺めるなど、自己刺激的な行動を繰り返すこと（常同行動）も自閉スペクトラム症の多くの子どもにみられる。

以上の2つの特徴に加えて、知覚過敏性（光や音の刺激に過剰に敏感な反応を示す）や知覚鈍麻性（通常苦痛を感じるような刺激に無反応である）も多くの自閉症児にみられる症状である。また、緊張や不安が極度に高まったり、不快な状況が続いたりすると、「パニック」と呼ばれる極端な混乱状態を示し、奇声を発し、周囲の物や人、自分自身に対する攻撃的な行動につながることがある。

それぞれの特徴の現れ方や、強さは子どもによってさまざまで、年齢とともに目立たなくなってくる部分も、逆に強調されてくる部分もある。

Ⅲ．注意欠如多動症（ADHD）

注意欠如多動症（以下 ADHD）の子どもたちは、全般的な発達の遅れがないにもかかわらず、じっとしていることが難しく、着席して話を聞いたり、順番を待ったりすることが非常に苦手である。また、気が散りやすく、注意深く指示を聞くことや、物事を順序だててやり遂げることにも困難を抱える。一方で、自分の興味のあることには驚くほどの集中力をみせることがある。独歩が可能になると同時に多動性が顕著になる場合が多いが、ADHD の診断が確定するのは早くても、4歳以上である。

一般的に、2歳児の多くは活動的で、ほとんどじっとしていられない。4歳ごろまでは定型的な発達の子どもでも、多動や注意集中の困難は頻繁にみられる。4歳を過ぎるころから、子どもたちは急速に自己コントロールの力を身につけていくが、この時期になっても多動性や衝動性がおさまらないと問題が大きくなる。運動能力が発達することで、行動範囲は広がり、体格がよくなるので、とっさに抱き上げて危険を回避することが難しくなる。周りの子どもたちが急速に社会性を身につけ、自発的に子ども同士の関係をつくるようになる時期だけに、ルールを守れず、自分本位な行動ばかりが目立つと、子どもたちの仲間に入ることも難しくなる。

Ⅳ．聴覚障害

聴覚障害は 聴覚器官または、脳の聴覚中枢のいずれかに障害があるために、音が聞き取れない、あるいは聞き取りづらい状態である。幼児期に聴覚障害をもつことは、単純に「音が聞きとれない」というだけではなく、「話すこと」や「考えること」、「コミュニケーションをとること」など、さまざまな能力の発達が障害を受けるということである。聴覚障害はできるだけ早期に発見し、適切な対応をとることで、二次的な障害を最小限にとどめることが大切である。先天性の難聴は、新生児 1000 人あたり1〜2人発生すると言われている。知的障害や自閉症の診断をする際にも、まず「聴覚障害」の可能性を否定しておかないと、とりかえしのつかない対応の誤りを犯すことになる。厚生労働省は、2000 年から新生児聴覚検査モデル事業を開始し、生後3日以内の新生児に聴覚検査を行うことを推奨し、2019 年において新生児の 80％以上が聴力検査を受けている。

Ⅴ．視覚障害

視力や視野の障害、光覚や色覚の障害、眼球運動の障害など、さまざまな見る機能全体の障害のことを視覚障害という。なかでも「視力」

に障害があり、見ることが不自由または不可能になっている場合は日常生活への影響が大きく、できるだけ早期に発見し、適切な訓練や教育が行われることが不可欠である。視力障害の程度により、「盲」と「弱視」に分けられるが、分け方の基準は一つに定まっていない。一般的に、盲は矯正視力0.05未満、弱視は矯正視力が、0.3未満とされることが多い。

　視覚障害の主な原因としては、小眼球、白内障、緑内障、未熟児網膜症などが、先天的にあるいは出生直後に発症していた場合、または病気の感染や、事故の後遺症などがあるが、原因不明のものもある。

　視覚的な刺激は、出生直後から子どもの心身の発達に重要な役割を果たしている。子どもをとりまく環境から視覚刺激が奪われることは、それだけでさまざまな経験の機会が奪われることを意味する。したがって、周囲のおとなは、聴覚、触覚をはじめあらゆる残存した感覚に働きかけて、できるかぎり豊かな環境を準備し、子どもたちの発達を援助していく必要がある。スキンシップや温かい言葉かけを十分に与え、自分は愛されているという気持ちを子どもが保てるようにしていくことが大切である。

Ⅵ. 肢体不自由

　肢体とは、四肢と体幹のことを言い、人間の体の姿勢を保ったり、動いたりする体の部分のこと（脳や内臓など、体の内部の臓器は含まない）である。肢体の一部が欠損したり、自由に動かせなかったりするために、日常生活に不自由をきたしている状態が肢体不自由である。肢体不自由を伴う主な疾患としては、脳性まひ、進行性筋ジストロフィー症、二分脊椎、外傷性疾患（切断等）などがある。

　この中で、脳性まひは肢体不自由の7割を占める疾患で、発育途上の脳に、修復が困難な病変が起こることによって、運動発達の遅れ、筋緊張の異常、姿勢の異常などが生じる。また、原因となる脳の病変によって、多くの場合、言語障害や知的障害、けいれん発作を合併する。主な原因としては、胎内感染、早産、低体重出生、出産時仮死、髄膜炎、出生後の頭部外傷などがある。

　肢体不自由のある子どもは、全般に運動発達の遅れがみられる。運動発達の遅れは、移動や探索などの行動を制限し、さまざまな経験や学習の機会を奪ったり減少させたりすることにつながる。また、治療や訓練に伴う苦痛や不安などによって情緒的な安定を欠きやすく、欲求不満を生じたり、依存的になったりということも見られがちである。形態や容姿に一目でそれとわかる異常がある場合、周囲の無理解な態度や視線にさらされることによって、本人や家族は、耐え難い苦痛を味わう。そのために人前に出ることを避け、家の中に閉じこもるようなことがあれば、ますます経験の幅は狭められ、学習のチャンスを失うことになる。一人でも多くの人が、障害に対する偏見や誤解から自由になるためにも、幼児期からさまざまな子どもたちとともに育ち、お互いに豊かな経験ができる機会をたくさんつくっていくことが必要である。

4 発達援助のための手立て

Ⅰ．指導計画と評価

　障害のある子どもの保育では、幼稚園教育要領や保育所保育指針等において個別の指導計画を作成することが求められている。障害のある子どもは、一人ひとり必要な配慮や支援が異なっており、保育者は最初に子どもの状態を適切にアセスメントする必要がある。また、個別の指導計画を作成し、それをもとにした支援をすることによって、実践した支援の内容を振り返り、評価と支援方法の見直しを行うことが可能になる。

　子どもの実態把握にあたっては、日々の保育場面での観察や保護者からの情報収集の他、場合によっては、保護者の了解を得たうえで、療育機関で実施した発達検査や知能検査の結果を入手すること、巡回相談等を活用して、心理専門職からコンサルテーションを受けることも有意義である。

　子どもの実態に合わせて、目標を立て、目標達成に向けての具体的な手立てを考え保育実践に結び付ける。実践の結果は必ず記録をとり、支援が適切であったかどうか評価を行ったうえで、次の指導計画の作成に生かしていくことが重要である。（図3）

　個別の指導計画は、それぞれの子どもが所属する年齢クラス（学年）の指導計画に位置づけられ、さらに年齢クラスの計画は、園の全体的な計画に位置づけられている。（図4）

Ⅱ．発達援助の視点

　幼児期においては、発達段階に応じて保育内容の中で重視される獲得スキルが変化していく。3歳未満の乳児期においては、食事や睡眠、排泄、着脱等の身辺自立に関わる生活スキルの獲得が課題となるが、図5に示すように、3歳以上児になると徐々にコミュニケーションスキ

図3 個別の指導計画の作成と実践の手順

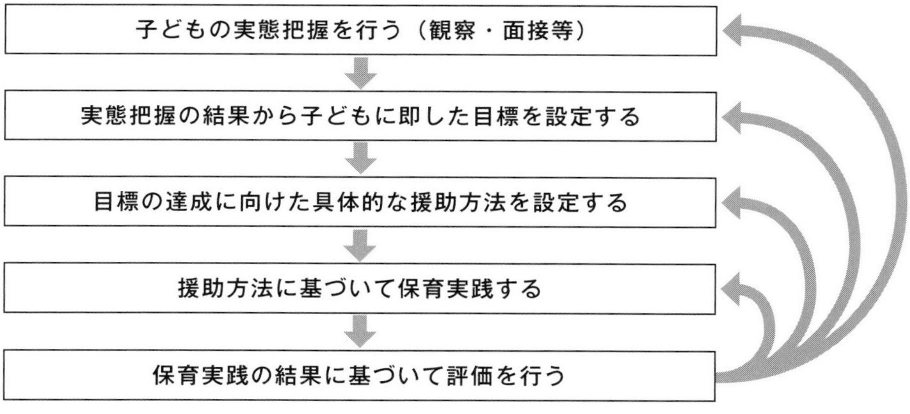

```
子どもの実態把握を行う（観察・面接等）
          ↓
実態把握の結果から子どもに即した目標を設定する
          ↓
目標の達成に向けた具体的な援助方法を設定する
          ↓
援助方法に基づいて保育実践する
          ↓
保育実践の結果に基づいて評価を行う
```

図4 「全体的な計画」「各年齢の指導計画」「個別の指導計画」の関係

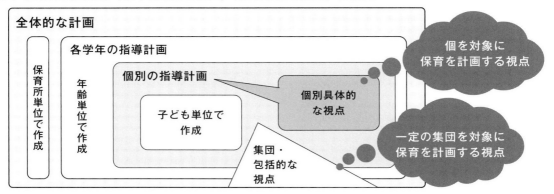

【出典】『保育士等キャリアアップ研修テキスト3』中央法規出版

ルやルールの理解、自己コントロールといった、社会的スキルの獲得が求められる。子どもの発達状況に合わせた目標設定と同時に、生活年齢に応じたコミュニケーションスキルや、社会的スキルの獲得のための援助を行っていくことが必要になる。

心身に障害がある子どもたちの発達援助を行うにあたっては次のような観点から配慮を行うことが効果的である。

① 物理的な環境を整える

子どもが保育室から出て行ったとしても、園から外に出たり、事故が起きたりすることがないよう環境を整え、けがをするような場所は普段からチェックして安全対策をとっておく。このことによって、すべての子どもたちにとって園全体が安全な場所になる。

② 園全体で問題を共有し、子どもを見守る

特別な配慮が必要な子どもの特徴を担任だけでなく、園全体のスタッフで共有し、子どもの行動を予測して常に誰かが行動を見守れる体制をつくる。担任が1人でその子どもを追いかけたり、危険な行動に振り回されたりすることがなくなり、余裕をもって対応することが可能になる。保育者が安心して、自信をもって保育できる環境は、子どもたちにとって最も安全な環境なのである。

図5 年齢クラスと重視される保育内容

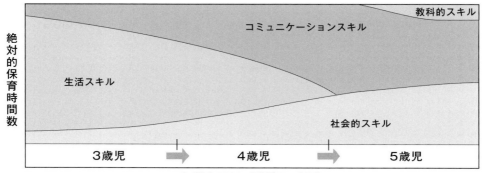

【出典】『新・障害のある子どもの保育』株式会社みらい

③ 抑えない、怒らない、追いかけない

子どもの行動を無理に抑えたり、怒ったりすることは、集団生活への拒否感を高め、自己肯定感の獲得を阻害することにつながる。子どもの発達や興味・関心に合わせた安全な環境を用意し、少しずつ集団生活のルールを身につけ、友達と一緒に活動することの楽しさを伝えていくことが大切である。子どもを怒っても問題は解決しないし、抑えつけたり、追いかけまわしたりすることは問題行動をエスカレートさせることにつながる。子どもの行動をよく観察し、行動が起こるきっかけは何か、どのような場合に適応的な行動がとれるのかを見つけだし、自発的、適応的な行動を引き出す環境を整えることが大切である。

④ 保護者との協力

障害のある子どもを育てる保護者、特に自閉スペクトラム症や、ADHD 等の発達障害をもつ子どもの保護者は、同じ指示を何度繰り返しても従えず、ルールを破って次々とトラブルを起こす我が子に対して、「なんとかしなければ」と躍起になるあまり、注意しているつもりが行き過ぎた叱責や暴力に発展するということも起こりがちである。ルールが守れず、周りと同じ行動がとれない子どもの状態を改善するために協力を求めるつもりで行った担任から家庭への連絡が、保護者も子どもも追いつめることになることがしばしばある。「困った子ども」と思われている子どもを育てる保護者が、実は一番困っているのだということを念頭に置き、子どもの成長を共有し、保護者が子育ての喜びを忘れずに、子どもに自己肯定感を育てられるような関わりができるような工夫を、協力して行っていくことが重要である。

（石井正子）

【参考文献・URL】
『新・障害のある子どもの保育』伊藤健次／編、株式会社みらい、2016年
『障害のある子どものインクルージョンと保育システム』石井正子／著、福村出版、2013年
『保育士等キャリアアップ研修テキスト3　障害児保育』松井剛太／編著、中央法規出版、2018年
『健康の公平性の形（Visualizing Health Equity: One Size Does Not Fit All Infographic）』ロバート・ウッド・ジョンソン財団ホームページ
https://www.rwjf.org/en/library/infographics/visualizing-health-equity.html、2018年

【支援のヒント：平等と公平の違いを理解する】

個人の違いは視野に入れず、全員に「平等」なものが提供されている。

個人の違いを考慮し、それぞれに「公平」な機会が提供されている。

第 **10** 講

持続可能な社会づくりに向けた 人材の育成としてのESD

鈴木克徳

① 持続可能な社会づくりと持続可能な開発目標（SDGs）

　現在の社会が地球規模の危機に直面していることは、我が国においても気候変動による深刻な被害が発生していることから、皆さんもお気づきだろうと思う。このような危機の原因は、資源多消費型の私たちのライフスタイルにある。私たち日本人の生活は、地球が提供できる資源を超えた消費を行っており、このままでは私たちの子や孫、ひ孫たちは、私たちと同様の自然の恵みを得ることができなくなるとまでいわれている。

　このため、1990年頃から持続可能な開発の必要性が強調されるようになり、1992年にブラジルのリオデジャネイロで開かれた地球サミットでは、世界の首脳が集まって21世紀の環境問題が議論され、持続可能な社会づくりの必要性が強調された。

　その後さまざまな努力がなされたが、それにもかかわらず、気候変動の悪影響が顕在化し始め、また、生物種の減少が憂慮すべき急激なスピードで進み続ける等、地球環境の悪化やジェンダー不平等、社会における格差の拡大などの問題は、深刻化の一途をたどった。近年では、地球規模の問題として、さらに、コロナ禍や海洋プラスチック問題などが顕在化している。国内に目を向ければ、過疎化、少子高齢化の急速な進行、医療や福祉システムの崩壊、いじめ、子どもの自然や社会に対する無関心などが問題になっている。コロナ禍により、貧困や格差の拡大なども加速している。例えば、日本の子どもの7人に1人が貧困状態にある。ひとり親家庭の貧困率は2018年度には約48%と、先進国の中でも最悪の水準である。貧困世帯で育つ子どもは、医療や食事、学習、進学などの面で極めて不利な状況になり、将来も貧困から抜け出せない傾向にある。すでにそれらの問題を看過することはできなくなっている。

　そのような傾向を逆転させ、全ての人が安全で安心して暮らせるような社会の実現を目指して、2015年9月に「国連持続可能な開発サミット」が開かれ、「持続可能な開発のための2030アジェンダ」が採択された。その中で示された目標が「持続可能な開発目標（SDGs）」（表1）である。SDGsは、17のゴール（目標）と、より詳細な169のターゲットからなる。また、その進捗を測るために230余りの指標が設定されている。

表1　持続可能な開発目標（SDGs）

目標 1 ：貧困をなくそう	目標 9 ：産業と技術革新の基盤をつくろう
目標 2 ：飢餓をゼロに	目標10：人や国の不平等をなくそう
目標 3 ：すべての人に健康と福祉を	目標11：住み続けられるまちづくりを
目標 4 ：質の高い教育をみんなに（ESD）	目標12：つくる責任つかう責任
目標 5 ：ジェンダー平等を実現しよう	目標13：気候変動に具体的な対策を
目標 6 ：安全な水とトイレを世界中に	目標14：海の豊かさを守ろう
目標 7 ：エネルギーをみんなに、そしてクリーンに	目標15：陸の豊かさも守ろう
目標 8 ：働きがいも経済成長も	目標16：平和と公正をすべての人に
	目標17：パートナーシップで目標を達成しよう

【出典】持続可能な開発目標（SDGs）と日本の取組

SDGs は、次の 5 つの特徴を有している。

① 全ての国が行動するという普遍性
② 誰一人取り残さないという包摂性
③ 全てのステークホルダーが役割を担うという参画性
④ 社会・経済・環境に統合的に取り組むという統合性
⑤ 定期的にフォローアップすることによる透明性

　目標年である2030年に向けて、全ての人が、健康で、きちんと教育を受けることができ、貧困や飢えに苦しめられることがないような、安全で安心して暮らせるような社会を創ろうという、たいへん野心的な目標である。

　私たちは、20 世紀には著しい経済成長を達成し、生活水準の大幅な改善を見ることができた。しかし、地球の資源は限られていることから、今後もこのような成長を持続することはできない。私たちがどれほど資源を消費しているかを計るための手法の 1 つに、エコロジカル・フットプリントがある。ライフスタイルによって差があるが、エコロジカル・フットプリントを用いて計算すると、平均的な日本人の生活では、地球 2 個分以上の資源が必要になると言われている。私たちは、大量生産、大量消費、大量廃棄に立脚した 20 世紀型の文明観を見直し、限られた資源を大切にし、自然などの環境を守るような 21 世紀型の文明観に切り替える必要がある。今、私たちには、「文明観の転換（パラダイムシフト）」が求められているのである。

2 持続可能な開発のための教育（ESD）

　持続可能な開発のための教育（ESD）とは、1992年に世界の首脳がブラジルのリオデジャネイロで開かれた「環境と開発に関する国際連合会議（地球サミット）」で強調された考え方であり、持続可能な社会を創るためには人材の育成がカギになるとの考え方である。その後10年間、国連のユネスコが中心になってESDが推進されたが、はかばかしい成果が得られなかったため、2002年に南アフリカのヨハネスブルグで開かれた「持続可能な開発に関する世界首脳会議（ヨハネスブルグ・サミット）」で日本等が提唱して、「国連持続可能な開発のための教育の10年（ESDの10年：2005～2014年）」が開始されることになった。2014年にはESDの10年最終年会議が日本の愛知県名古屋市で開かれ、10年間の総括を行うとともに、人づくりは施設整備と違い10年やったから完成して終わりになるものではないので、次の5年間（2015～2019年）、ESDをグローバル・アクション・プログラム（GAP）という世界枠組の下で実施することにした。2020年からは、さらに新しい世界枠組（ESD for 2030）の下で、SDGs達成の要としてESDの推進が図られている。

　ESDは、Education for Sustainable Developmentの略称であり、「持続可能な開発のための教育」と公式に訳される。私たちや私たちの子、孫のような将来世代の人たちが私たち同様に恵み豊かな生活を送れるよう、持続可能な社会づくりができる人材を育成する活動である。気候変動、生物多様性の喪失、海洋プラスチック問題などの地球規模の環境問題に加え、貧困や健康、教育面の格差やジェンダー平等の問題など、現代社会が抱えるさまざまな問題を対象としている。ESDは、将来の社会が見通せない不確実な時代にあって、それらの問題を私たち一人ひとりが自らの問題として主体的にとらえ、身近なところから行動に取り組むことを求める。そして、個人の価値観の変容、その結果としての行動変容、ひいては社会システムの変革をもたらすことを目指す。

　ESDは、全ての人が身につけていただきたい能力だが、特に、幼児教育や学校教育において重視される。我が国では、2017年、2018年に学習指導要領が改訂され、全ての学校でSDGsやESDを学ぶことが求められるようになった。学習指導要領では、

① **知識・技能**
② **思考力・判断力・表現力等**
③ **学びに向かう力・人間性等**

という学びの3観点が示され、主体的・対話的で深い学びが、そして教育課程が社会に開かれたものであることが求められる。持続可能な社会づくりに必要なさまざまな知識を学び、教えられたことを暗記するのではなく批判的精神をもって自主的に学び、さまざまな人たちとの対話を通じて学びを深めていくことが期待されるのである。さらに、そのようにして学んだ成果を行動に移すための行動力・実行力を得ることが、ESDを通じて身につけたい能力・態度である。

　表2は、国立教育政策研究所が示した、ESDを通じて身につけたい「持続可能な社会

づくりの構成概念」と「ESD の視点に立った学習指導で重視する能力・態度」の例である。これらの構成概念と能力・態度は、典型的な例を示すものであり、それぞれの人たちが、自らの置かれた状況に応じて、適宜追加したり削ったりする必要がある。例えば、地域によっては、祭りのような地域文化を大切にする態度を付け加えることも考えられる。

ESD と仏教の教えとは、大きな親和性があると考えられる。ESD が重視する概念は「思いやりの心」である。また、ESD は、人間は自然を支配するとの西欧的な考え方ではなく、人間は自然の恵みを受け、自然や他の生きものと共存するとの考え方である。それらの考え方は、仏教の教えと相通ずるものがあると考えられるのではないだろうか。それは、現実に、多くの仏教団体が ESD を実践・支援する活動を行っていることからも、明らかではないかと思う。

表2　持続可能な開発目標

持続可能な社会づくりの 構成概念（例）	ESD の視点に立った学習指導で重視する能力・態度（例）
Ⅰ　多様性 Ⅱ　相互性 Ⅲ　有限性 Ⅳ　公平性 Ⅴ　連携性 Ⅵ　責任性	1　批判的に考える力 2　未来像を予測して計画を立てる力 3　多面的、総合的に考える力 4　コミュニケーションを行う力 5　他者と協力する態度 6　つながりを尊重する態度 7　進んで参加する態度

【出典】持続可能な発展のための教育（ESD）を学校教育でどう進めるか？（国立教育政策研究所平成23〜24年度研究報告）

3　幼児教育と ESD

2023 年 3 月現在、国内に 1,115 校あるユネスコスクールのうち、幼稚園は 23 園、保育園、認定こども園、NPO 法人設立の学校等を合わせて 31 施設であり、日本ではユネスコスクールとして ESD を推進している幼児教育機関は極めて少ない状況にある。

これに対し、世界的には ESD や環境教育における幼児教育（childhood education）の重要性がますます重視される傾向にある。2022 年 3 月に開かれた第 11 回世界環境教育会議では、幼児教育の重要性が特に強調された。環境問題に限らず、自然や社会とのつながりを意識

するためには、幼少期の体験が大きく影響する。そのような体験は早くから始めるほどよく、日本でも、国立青少年教育振興機構の調査研究で、幼児期における体験、特に自然体験がその後の子どもの成育に大きな影響を及ぼすことが明らかにされている。

幼稚園教育要領では、教育基本法に基づき、次の目標を達成することを目指すことが求められている。

① 幅広い知識と教養を身に付け、真理を求める態度を養い、豊かな情操と道徳心を培うとともに、健やかな身体を養うこと。

② 個人の価値を尊重して、その能力を伸ばし、創造性を培い、自主及び自律の精神を養うとともに、職業及び生活との関連を重視し、勤労を重んずる態度を養うこと。

③ 正義と責任、男女の平等、自他の敬愛と協力を重んずるとともに、公共の精神に基づき、主体的に社会の形成に参画し、その発展に寄与する態度を養うこと。

④ 生命を尊び、自然を大切にし、環境の保全に寄与する態度を養うこと。

⑤ 伝統と文化を尊重し、それらをはぐくんできた我が国と郷土を愛するとともに、他国を尊重し、国際社会の平和と発展に寄与する態度を養うこと。

幼児期の教育については、生涯にわたる人格形成の基礎を養う重要なものであることを認識する必要がある。これからの幼児教育には、一人ひとりの幼児が、将来自分のよさや可能性を認識するとともに、あらゆる他者を価値のある存在として尊重し、多様な人々と協働しながらさまざまな社会的変化を乗り越え、豊かな人生を切り拓き、持続可能な社会の創り手となることができるようにするための基礎を培うことが求められる。要すれば、幼児教育は、生涯学習を含む、今後の全ての教育課程における教育目標の基盤づくりを行う、極めて重要な教育段階

であるといえる。

環境については、周囲のさまざまな環境に好奇心や探究心をもって関わり、それらを生活に取り入れていこうとする力を養うことが求められる。身近な環境に親しみ、自然と触れ合うなかでさまざまな事柄に興味や関心をもつようになり、発見を楽しんだり、考えたりし、それを生活に取り入れようとすること、身近な事柄を見たり、考えたり、扱ったりするなかで、物の性質や数などに対する感覚を豊かにすることが期待される。これらは、まさに ESD を通じた学びが狙いとするところである。環境問題を例にして説明したが、ジェンダー平等や正義、公正、自他の尊重などにおいても同様であり、幼児教育が ESD の学びの出発点であることが明らかになっているといえる。

幼児期の自然体験はとても重要である。地方では身近に豊かな自然がある地域が多々あると思う。都会では、そのような自然は身近にはないかもしれないが、都市公園や神社、仏閣などに残された樹林や屋敷林、都市河川など、地方とは違った形で自然を体験する機会がある。今の保育者は、必ずしも自然体験の指導経験がない人も多いと思うが、その場合には、自然教育のインストラクターや環境指導員の人たちと連携・協力して、子どもたちに自然体験をする機会を与えていただきたいと思う。自治体の教育部局や環境部局と相談すれば、そのようなインストラクターや環境指導員の紹介をしてもらえると思うので、ぜひご検討いただきたい。

（鈴木克徳）

第11講

地域のなかの仏教保育

冨岡量秀

① 子どもを取り巻く環境の変化

Ⅰ. 止まらぬ少子化の問題

子どもたちを取り巻く環境の深刻な変化は、さらに加速化している「少子化」である。

「少子化」という危機感が社会に広がったのは、合計特殊出生率（15歳〜49歳の女性ひとりあたりの生涯出産人数）が極端に低下した1966年（丙午の年）の1.58を下回った1989年、いわゆる「1.57ショック」以降である。それ以降、「少子化」は社会が抱える根深い問題として意識され、さまざまな対策が講じられてきたが功を奏せず、着実に進行かつ深刻化し続けてきた。そして21世紀に入り、2005年にはついに合計特殊出生率が1.26となり過去

出生数及び合計特殊出生率の年次推移

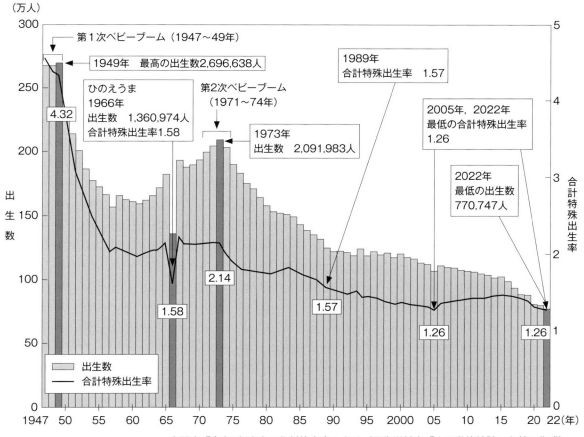

内閣府『令和4年度少子化対策白書』より（厚生労働省『人口動態統計』を基に作成）

最低となった。しかしその後、合計特殊出生率は微増傾向となっていたが、出生数は確実にそして急速に減少傾向を示し続けてきている。出生数は 2015 年の段階では 100 万人を超えていたが、減少傾向は止まらず、2019 年には約 86 万人、そして 2022 年は 77 万人台にまで急速に減少し、過去最低を更新している。

　この背景には、2019 年末からの新型コロナウイルス感染症（COVID-19）の流行によるコロナ禍が確かにある。しかしコロナ以前から 20 代〜 30 代の女性の人口が減少傾向に加えて「晩産化」が進んでいた。コロナ禍が私たちの社会を言い知れぬ不安感で覆い、出産先送りがさらに少子化を加速させ、2021 年の出生数が約 81 万人と過去最低となったとの見方もある。2023 年 6 月に発表された 2022 年の合計特殊出生率は 1.26 となり 7 年連続で前年を下回る結果となっている。これは国の推計よりも 6 年早く 81 万人台前半に突入し、少子化の加速化が鮮明になったことを意味しており、止まらない少子化の底が見えない状況を呈している。

　少子化の問題は、主には女性の社会進出に伴う未婚化・晩婚化そして晩産化、子どもを産み育てることへの不安感と意識の希薄化、あるいは出産子育てしながらキャリアを積むことの難しい社会構造の問題などが取り上げられてきた。それらへの対応策として少子化対策基本法においては、雇用環境の整備（国や地方公共団体は、育児する人が家庭生活と仕事を両立できるよう、育児休業などといった制度の充実や再雇用の促進、時短勤務やリモートワークなど多様な勤務形態で就労できるような雇用環境づくりへの取り組みを行う）、保育サービス等の充実、地域社会における子育て支援体制の整備、児童手当を中心とした経済的支援の拡充や、幼児教育や保育サービスなどの充実、それに育児休業制度の強化などを含めた働き方改革の推進などがさまざまに展開されてきた。

　こうした施策が働く女性の機会を拡大し、働き方のフレキシビリティを高め、子育ての不安感や困難さの解消に貢献しているのは事実である。しかし少子化は加速しており、少子化対策という点からいえば、これらの施策の効果は全くといってよいほど上がっていないのも事実である。女性の社会進出の実現、特にリーダーとして活躍することの機会創出の重要性、そして働く際の条件をさらに整備し、男女の賃金格差是正は必須課題であり、今後もさらに充実させていくべき施策である。しかし少子化の根本的な課題は、女性の単に働く際の条件整備にあるのではなく、近代化した豊かな社会そのものが抱え込んでしまった、子どもを産み育てることの意味、社会全体にとって「子ども」は尊い存在であるということの意味そのものを見失ってしまったことにあるのではないだろうか。そのことは子どもの豊かな育ちと学び、そして子どもたちが将来、この社会で生き、そして生活を営むうえで深刻な影響を及ぼすものである。

Ⅱ. 家庭と地域社会の変容がもたらす「子ども」存在の喪失

　近代化とともに豊かさの追求は社会を豊かにし、同時に子どもを取り巻くさまざまな環境を激変させ、家庭における子育てにも大きくそして深刻な影響を与えるような社会構造全体の変容をもたらした。

　そもそも子どもは大人そして社会のなかに生まれ、そしてそのなかで育ち、さまざまなことを学び、さまざまなことを身につけていく。その関係性のなかで人間は協同して子どもたちの養育をしてきたのである。子どもは親と子の関係のなかだけの存在ではなく、もっと大きな意味での家族のなかで、そして地域のなかの大切な存在として、周囲の大人たちに見守られ、成長していた。子どもたちを受け入れる地域そして社会としての基盤があったのである。

　しかし社会の構造が大きく変容するなかで、これまで地域や家族のなかにあった基盤が崩れてしまった。生まれ故郷を離れ、都会で生活する人々が増え、いわゆる著しい核家族化は、出産・子育ては核家族の家庭内だけで完結せざるを得ない状況を生み出した。近隣には親戚や友人がおらず、子育て家庭の孤立化が顕著になってきたのである。具体的には子どもの生活や育ちについて気軽に相談する人がいないため、子育ての情報は育児雑誌やマスコミ、インターネットから得るようになった。情報に左右され、その通りにはいかず、子育てに戸惑いや不安を抱える親が増加してきたのである。一方で、親の就労形態は、長時間労働、サービス残業や派遣労働、非常勤などの不安定雇用など多様化してきた。つまり生活不安と子育て不安といった両方の困難を抱える家庭が急増しているのである。このような現状に対して、深刻な待機児童

問題の解消を推進し、時間延長保育、乳児保育の拡充などのさまざまな保育サービスを充実させ、仕事と子育ての両立支援に重点がおかれている。待機児童問題や生活不安、子育て不安が深刻化するなかにおいては、まず保育のサービス面に対する保護者の期待・要求を満たすことに注力せざるを得ない。そのために保育の「量」を拡充し、保育の「質」を向上させる多様な保育サービスを提供できる社会基盤を整備することは重要な施策である。しかしいつでも預けることができたり、保護者の多様な就労形態に合わせた多様な保育サービスを展開することが、少子化に歯止めをかけることにつながってはい

ない。なぜならばこれらの施策は、すでに出産し子育てをしている女性、保護者を支援する施策にとどまっているからであるとの指摘が多数なされている。少子化が加速化する根底に、子どもを産み育てることの意味、社会全体にとって「子ども」という存在の本来的な意味の喪失があるならば、この喪失の課題を社会全体と共有し、あらゆる人々がその深刻さに気づき、改めて「子ども」という存在の本来的な意味をともに獲得する場の創出が大切である。そこに保育の「質」の向上として、目指すべき方向性があるのではないか。

2 子ども・子育て支援の あるべき姿

Ⅰ. 行政の動きと課題

　我が国初となる子育て支援政策である「今後の子育て支援のための施策の基本的方向について（エンゼルプラン）」が文部、厚生、労働、建設の4大臣合意で出されたのは1994年である。これは少子化を背景に、安心して子どもを産み育てることができるような社会環境を国や地方自治体などが一体となって整えることをねらいとしたものである。その後1999年「少子化対策推進基本方針」と、この方針に基づく重点施策の具体的実施計画として「重点的に推進すべき少子化対策の具体的実施計画について（新エンゼルプラン）」が大蔵、文部、厚生、労働、建設、自治の6大臣合意で出された。「エンゼルプラン」は社会全体として子育て支援に取り組む必

要性とその気運の醸成を意図し、子育てを支援する社会の構築を目指したものであった。その後も、「少子化対策プラスワン」（2002年）や「少子化社会対策基本法」と「次世代育成支援対策推進法」が施行（2003年）されるなど具体的な施策が展開されてきた。そのなかで行政主導の子ども・子育て支援では、子育てにかかる経済的負担の軽減や、保護者が安心して子育てできる環境の整備などが推進されてきた。

　そして「子ども子育て支援新制度」が2015年度からスタートした。この制度の最大の特徴は、我が国の社会保障制度に「子ども・子育て」が位置付けられた点にある。子ども・子育て関連三法（2012年こども・子育て支援法、認定こども園法の一部改正法、子ども・子育て支援法及び認定こども園法の一部改正法の施行

日本の少子化対策　これまでの取組

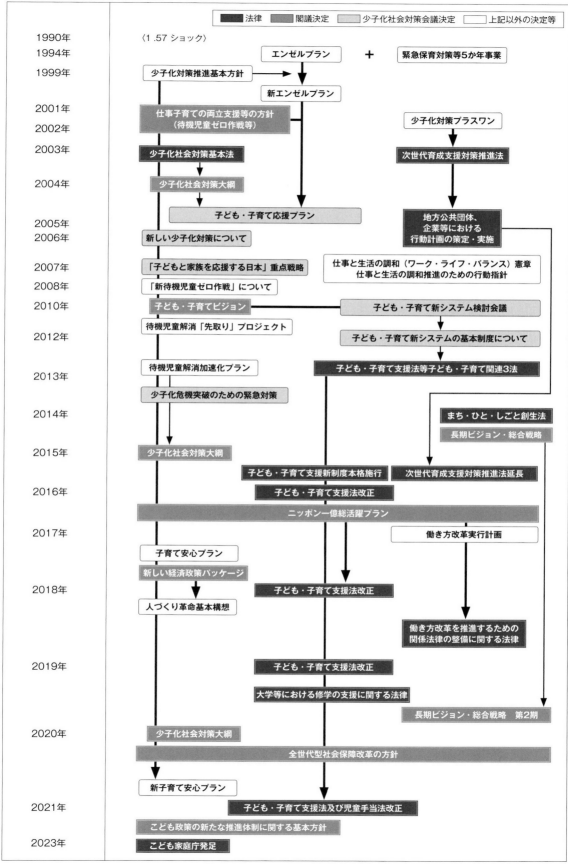

内閣府資料を基に作成

に伴う関係法律の整備等に関する法律）は、社会保障と税の一体改革のなかで成立したものであり、消費税増税分のなかから、子ども・子育て支援の量の拡充と質の改善に充てられることとされている。日本は、先進国のなかでGDP費に対する子ども関連予算が最も少ない国の1つといわれてきたことを考えれば、一歩前進といえる。この新制度の目的は、子ども・子育て支援法の第一条にあるように、「一人一人の子どもが健やかに成長することができる社会の実現に寄与すること」にある。そのために、すべての子どもと子育て世代をすべての世代が協力し、社会全体で支えていくような仕組みを形成することが重要（必須）である。具体的な取り組みとしては、

① 認定こども園の普及を図ること
② 待機児童を減らして、子育てしやすい、働きやすい社会にすること
③ 幼児期の学校教育や保育、地域のさまざまな子育て支援の量の拡充や質の向上を進めること
④ 子どもが減っている地域の子育てもしっかり支援すること

などが挙げられている。

このように行政主導の子育て支援の動きの基本的な姿勢として、すべての子どもと子育て世代をすべての世代が協力し、社会全体で支えていくような仕組みの構築が目指されているが、いまだにそのことは社会全体としては共有されていない。また特に核家族化が進み、子育て家庭の孤立化と子育て不安が著しい都心部においては、子どもの声を騒音と捉えたり、子ども関連のさまざまな施設を受容しない姿勢が見受けられるなど、子どもという存在そのものへの地域社会としての不寛容さがうかがわれるのも事実である。都市部において声をひそめて園庭で遊ぶ子どもたちの姿があること、さまざまな生活場面で子育てをすることが迷惑をかけてしまうことと感じてしまうような社会は、果たしてすべての世代が協力し、社会全体で支えていく姿であろうか。ここに我が国において少子化の加速化を止められない社会全体として抱える根深い問題がある。

II. 保育の「質」の向上と仏教保育の役割

　2015（平成27）年度からスタートした「子ども子育て支援新制度」は、保育の「量」と「質」の両面から子育てを社会全体として支える制度である。支援の「量」の拡充として、必要とするすべての家庭が利用できる支援を目指している。具体的には子どもの年齢や保護者の就労形態・状況などに応じた多様な支援を用意したり、教育・保育や子育て支援の選択肢を増やそうというものである。そして1人目はもちろんのこと、2人目、3人目も安心して子育てができるように、待機児童の解消に向け教育・保育の受け皿を増やすというものである。また保育の「質」の向上として、子どもたちがより豊かに育っていける支援を目指している。それを実現するうえで幼稚園や保育所（園）、認定こども園などの職員配置の改善が目指され、と同時に職員の処遇改善を行うというものである。こ

れらを実施するために消費税率の引き上げによる増収分が活用される。このように貴重な財源を生かして、社会全体で子どもの育ち、子育てを支えようというものである。

　保育の「質」に関してはさまざまな議論がなされており、大きく2つの立場があるとされる。1つは保育をサービスの一環として捉える立場であり、サービスの受け手・利用者の期待・要求を満たしているかという点である。このサービスの受け手とされるのは、子どもというよりは保護者である。子どもの豊かな育ちと学びを支えるというよりも、保護者のニーズを満たすことが保育の「質」を意味している。この背景には、労働人口の確実な減少状況にあっても、経済成長を維持するために女性に労働力として貢献してもらう必要性と、将来の労働力である子どもの出産・子育てを支援するということがある。ここで重視されるのは保護者の効率的な就労形態と、子どももよりよい保育・教育を効

率的に享受したいという志向のあることが指摘されている。つまりファストフードに見られる効率性、予測可能性、計算可能性を重視する傾向である。なぜそれらを志向するかといえば、自分の利益の増加につながるからだと指摘されている。この志向は子どもの出産・子育ては非効率で予測不可能であるとして敬遠されたり、専門家に任せて自らの責任を回避し、効率的に保育・教育してもらうことを望む傾向が強まっていることと関係している。

　もう1つの立場は、子育てそして保育を「公共的な性格」をもつものとして、子どもの生活・発達への権利保障をするものと捉える立場である。これは我が国も1994年に批准した「児童の権利に関する条約」で明確にされているように、子どもは保護の対象であるよりも、「権利の主体」であるとし、条約には、子どもに保障されるべきさまざまな権利が包括的に規定されており、子どもの権利を尊重することが目指されている。しかし社会全体としての現実は、子どもの権利を尊重する動きと逆行するような動きもいまだにある。この背景には、出産・子育てはとてもプライベートな事柄であり、各家庭で行うべきであるという根深い認識が社会の基底に横たわっているからではないだろうか。そしてその責任は家庭、特に母親にあるとするような暗黙の了解がいまだに根深く潜在しているのではないだろうか。その具体的なあらわれとして、現在の少子化対策は仕事と子育ての両立支援に重点がおかれ、企業などの社会組織で働く女性への支援として保育のサービス面での充実が図られ、働いていないとされる専業主婦への子育て支援については関心が払われていないとの指摘もされている。このような支援の格差は、子どもを出産・育てるという選択肢が、経済的に不利にさせ、また社会的に肩身の狭いものとなるというネガティブな認識へとつながっていく。

　このような現実は子育て家庭に問題があるのではない。ましてや子ども自身に問題があるのではない。社会全体のあらゆる世代、つまり私たち一人ひとりが大切なことを喪失していることの問題から起こっているのである。では大切な何を喪失してしまったのであろうか。それは「仏教保育三綱領」の中で明確にされている「1．慈心不殺：生命尊重の保育」「2．仏道成就：正しきを見て絶えず進む保育」「3．正業精進：よき社会人をつくる保育」に代表されることである。なぜこの3つが大切なことなのかを保育という営みを通して、保護者やそして地域社会へと弛まず伝え続けていくということが、仏教保育の現代社会のなかでのとても大切な意義である。それは人間の存在のみならずあらゆる生命の課題とそして尊さを明らかにし続け、私たちはほんとうに正しく見ているのか、そして行っていることはほんとうに正しいことなのかと問い続け、あらゆる存在が「ともに」生きていることの事実を明らかにし続けることである。そこに子どもを産み育てることの意味を見つけ、社会全体にとって「子ども」という存在の本来的な意味を見出す光がある。そこに本来の「公共性」が見出されるのである。

3 地域社会や家庭を支える仏教保育「園・縁」

　近年の核家族化は子育ての孤立化を進め、子育て不安にさいなまれ、家庭における養育力は低下し、子育ての負担感も増大させている。そしてこの逼迫した家庭を支えるはずの場である地域社会も弱体化し、あらゆることへの不寛容さの様相を呈している。そもそも豊かさを求めて都市化の進展と地域社会を離れて、都市の匿名性と市場原理に依拠する効率的な生活様式と生活環境を希求してきたのである。その結果、かつての地域社会は衰退し、地域の共同体は崩壊していった。この背景には、閉塞した地域社会のあり方の問題もあったのである。そのためこの失われた地域共同体のようなものを復活させることは望まれることではないし、不可能で

ある。しかし都市化を希求した結果、獲得された都市型社会はお互いに干渉・介入しない生活様式・環境を追求した当然の結果として、他者を理解せず、自身の利益追求のみを主張・実現し合うような無味乾燥した関係性を築いてきたといえる。そしてその社会は、子どもを産み育てることの意味、社会全体にとって「子ども」は尊い存在であるということの意味さえも見失ってしまったかにみえる。新たに見出された意味は、近年の社会基盤ともなっているＳＮＳなどのネット社会に溢れている仲のよい親子関係の姿、親も子もファッショナブルでかわいらしい、素敵な姿である。そのような子育てでなければ、まるで失敗であるかのような不安感や、

思い通りにならない自分自身の姿や子どものあり方にいら立ちを感じたりしている。子どもという存在は、親である大人を満足させるために存在しているかのようである。

そもそも人間の存在とは合理的・効率的な存在ではない。不合理であり不効率な存在である。そして出産・子育てとは人間という存在にとって最も自然な行為であり、営みである。そこには当然、綺麗さとは程遠いような必死でがむしゃらな姿がある。葛藤があり、理不尽さがある。思い通りにならないいら立ちがある。その綺麗さやファッショナブルさとは程遠い営みのなかに、生命の不思議さや連続性に気づいたり、感じたりする場面や瞬間が出産・子育てにはあるのだ。

例えば近年では立ち会い出産が一般化してきていることから、生命誕生のすばらしい瞬間を母親と父親が共有し、何物にも代え難い存在であることを実感する瞬間がある。何もできなかった赤ちゃんがハイハイをしだし、そして立ち上がり、ヨチヨチと大いなる一歩を歩み出す瞬間に出会うのだ。そのような育ちのプロセスと出会いながら生命の不思議さや力強さを感じるのではないだろうか。自分の力だけではない。自分を超えた大きなはたらきを、綿々と受け継がれてきた生命の連続性として感じる瞬間があるのだと思う。

生命の連続性とは、自分自身の力だけではなく、他者そしてあらゆる存在との関わりのなかで受け継がれてきたものである。それは子どもだけではない。あらゆる大人たちもその生命の連続性のなかに存在しているのである。自分の力で生まれ、そして生きているのではない。子育てという営みを通して、今現在、ここに生かされて在るという事実を知るのである。その意味で、子育てとは私的で個人的な営みであると同時に、「公共的な性格」をもつ営みであるといえる。この一人ひとりの力を超えた生命の連続性の大いなる働きを子どもたちに伝え、保護者に伝え、そして地域社会に伝え共有するところに、保育の「質」の向上としての公的な立場がある。

かつてはその公的な意味と出会い、共有し、そして確かめ合う場としての地縁・血縁によって築き上げられた地域社会があった。そしてその中心に寺院があったともいえる。しかし地縁・血縁による地域社会は、その存在の意味の希薄化と大切なことを伝える力が弱体化してしまった。そこで新たな「つながり＝縁」を基盤とする地域社会の構築が求められているのである。その新たなつながり（縁）拠点に、仏教保育の場、すなわち「仏教保育園（縁）」はなり得ると考える。なぜならば仏教保育の場には、何よりも子どもと保護者が存在するからである。そして保育の場であることから、地域のさまざまな施設や組織などとの連携が築かれているからである。仏教保育を実践する幼稚園、保育園、認定こども園は全国に多数存在しており、日々多くの子どもたちの生活を支え、豊かな育ちと学びを実践している。その保育実践の共通の基盤として「仏教保育三綱領」として明確にされている「1．慈心不殺：生命尊重の保育」「2．仏道成就：正しきを見て絶えず進む保育」「3．正業精進：よき社会人をつくる保育」がある。この三綱領は生命の不思議さや力強さを伝え、自分の力だけではなくあらゆる存在と関わり合いながら生かされてある事実と出会い、自分を超えた大きなはたらきを受け継ぎながら一人ひとりが力強く人生を歩んでいくことの大切さを子どもたちへ、そして保護者、地域社会へとつなげることができると考える。そしてこの営みが以前の地縁・血縁に代わる新たな「縁」、すなわち仏教の教えをもととした「保育縁」ともいえる新たなネットワークを創出し、地域社会そして家庭を支える拠点となることが大切であると考える。

（冨岡量秀）

第12講

保育者の
こころがまえ

浅井孝順

友松浩志

戸田了達

1 仏教保育者の こころがまえ

Ⅰ. お母さんから生まれてきた

　赤ちゃんの命はお母さんの羊水の中で、何億年という地球生命の進化の旅をしてくる。1個の受精卵が37兆もの細胞をもつ人間になる。その一つひとつの細胞に命の設計図であるDNAが書き込まれている。

　この命のはからいの素晴らしさ、こんな不思議をもった人間は何のために生まれてきたのだろうか。どうも、それがよくわからないのである。でも1つだけはっきりしていること──それは、ふしあわせになりたいと願っている人はいないということ。

　人はみな、自分というものに気づいてからは、もっともっと、しあわせになりたいと思っている。だから、ご縁をいただいた幼児たちや、他の人々、そして、あなた自身をしあわせにすることができたら、それはすばらしい仕事ではないだろうか。

Ⅱ. 選ばれる、頼りにされる保育者に

　生命尊重とは自他の命をしあわせにすることである。あなたは保育というフィールドで、そのことに直接的に関われる人なのである。誕生から死までの間のなかで、人間の子どもが人間になる重要な時期を担当するのである。

　当然ながら幼児期は知識のつめ込みではなく自然な生活環境のなかで命のリズムに沿って、群れ遊ぶことを通しての体づくりが大切である。その上に心育て──自分・家族・友達関係などいくつもの経験を重ね、人間関係が育まれ培われ、よりよく生きてゆく基礎ができるのである。

　体の育ちと違って目に見えない心の育ちは短時間では、なかなかわからない。少なくとも数か月から数年間を通して、その変化・発達を見守ってほしい。だから3年間はヤメないで学んでほしい。

Ⅲ. 道はるかなれどこの道をゆく

　仏教保育者とはお寺の住職・寺族・檀信徒の
人がやるものだと思っていないだろうか。私は
仏教のことを知らないから、園長に言われたこ
とを園児や親に伝えればよいなどとも思っては
いないだろうか。

　そうではないのである。しあわせになりたい
と願い、その実現に努力している人は、すべて
仏教保育の実践者である（仏教ではこれを菩薩
行といっている）。「みんなでみんながしあわせ
になる」「世界中のみんながしあわせにならな
ければ、本当のしあわせはない」「この道を釈
尊（お釈迦さま）もゆく我もゆく」この道が仏
教保育者なのである。

　もちろん仏教のことを信じ、勉強したうえで
保育者生活をするのが一番であるが、とにかく
死が迎えにくるまで、いま・ここ・一生懸命に、
感情を波立てず、思考力を正しく働かせて、ほ
ほえみながら、あなたらしく、この道にチャレ
ンジしてほしい。

　仏さまが、仏さまの教えが、しあわせにして
くれるのではない。しあわせになるのを実行す
るのはあなたなのである。仏さまではないので
ある。

Ⅳ. 子どもを見る・人間を見る・命を見る

　仏教系の園での環境設定の一番の柱は、保育
者であるあなたである。筆者の園では、

① たてわり保育

② 共に育つ

③ 生きものを育てる

④ テレビやテレビゲームは控えめに

の４本の柱を立てているが、それよりも大切な
のはやはり、保育者であるあなたなのである。

　教え導く態度でなく、幼児からあるいは親か
らも学ばせていただくという、人間として謙虚
な姿勢をもつあなたなのである。

　保育の現場ですることは、子どもを見るとい
うことである。体や心の発達・変化を見ること
である。「この子どんな子だろう」「何のために
生まれてきたのだろう」「どんな人になるのだ
ろうか」という、その子らしさを見守り、手助
けする働きである。

　子どもを見るということは人間を見るという
ことであり、自分を見ることなのである。よそ
ごとではない。

V. まとめにかえて

　ある園では「一人ひとりのなかにみんなと仲よしになれる種があるんだよ」と伝えている。種（仏性）があるからこそ成長に必要な水や日光や養分や、時には風除けをして育てようねと伝えている。

　若いあなたが、保育の現場で困ったことが起きたら「いま・ここ・釈尊ならどうするかと問い・考え・こうするとよいと思ったことを、勇気をもって実践すること」である。

　釈尊のまねをすれば、それだけ仏さま（よき人）に近づいてゆくのです。深い呼吸でよい姿勢で、みんなでいっしょにこの道をゆこうではないか。

（浅井孝順）

2 よい保育者になるために
―子どもを見る目―

Ⅰ. 子どものために

　保育という仕事は、子どもを教え導くというよりも、子どもとともに歩み子どもから学んでいく仕事といわれる。今、自分の目の前にいる子どもが何を必要としているか、まずそれを知ることからこの仕事は始まる。

　それは、子どもに教えるべき課題があって、それを順に伝えていく仕事（いわゆる授業形式）よりよほど難しい仕事である。なぜなら、その子どもが今、本当に必要としていることを見きわめ判断することは、簡単ではないからである。

Ⅱ. 子どもと生きる

　入園したてのHという3歳の女の子は、決して保育室に入ろうとしない。園庭の遊具で遊んでいて、保育者が何度説得しても聞かない。そうした場合、保育者のはじめの仕事は、その子どもの喜びを見きわめることである。

　いっしょに遊び、興味や関心を判断してその喜びを共有すること、共生することである。そのうえで子どもからの信頼を得てはじめて、その子どもは保育者の胸の内にとびこんでくる。

　子どもを見るということは、ただ傍観することではない。ともに生きることである。ともに生きてはじめて子どもは見えてくるのである。

Ⅲ. 変化を見る目

　生きていくことは、変化していくことである。子どもにとっては成長・発達ということである。子どもを見るということは、変化を見ることでもある。

　Mという4歳の男の子は何事にも消極的で、活発に動きまわることもなく、ひとりあそび中心の印象だった。特に問題だったのは食事の遅さで、いつも最後まで食べていて、保育者は毎日その遅い食事につき合っていた。それがある日突然、はやく食べるようになった。同時に友達とのあそびにも少しずつ加わるようになった。

　子どもは、曲線グラフのように成長するわけではない。変化しない時間もあるし、階段状に急に変わることもある。今日やったことが、翌日身につくなどということはない。同じことを繰り返し繰り返しやって待つ、保育という仕事は、成長・発達という変化を信じ待つ仕事でもある。

Ⅳ. 関係を見る目

人は人の間に生きてはじめて人間になるといわれる。他の人との関係が、その子どものあり方を決めるといってもよい。子どもの場合、友達、親との関係が特に重要である。

TとYという女の子は、3歳で入園する前から近所の友達で、入園してからもいつもいっしょに遊んだ。1人が園を休むと、他児と遊べず不安定になった。それは3年間続いた。特定の友達をもつのはよいことだが、その相手以外に目がいかないと多様な人間関係が経験できなくなる。

4歳の〇という男の子は、決して砂あそびをしなかった。理由を探っていくと、親が極端な清潔癖で、子どもが服を汚して帰ってくることを許さなかった。核家族化が進み、子育てへの無知・無関心が問題になっている現在、親との対応・話合いも保育者の重要な仕事である。

親との関係のなかに生きている子どもの実態を知ることで、はじめてその子どもの本当の姿が見えてくることも多い。子どものまわりに広がっている世界を見わたす目も、とても大切な目である。

Ⅴ. 智慧の眼を開く

子どもと生きながら、その子どもの内面や周囲にあるものを見きわめ、その成長を信じつづけるのが保育者の仕事である。

そして、子どもを見る目を養うということは、保育者が自分の智慧の眼を開くということでもある。完全とはいえなくても、子どもとともに一歩一歩成長しながら自分の智慧の眼を開くことが、いつか必ず目の前にいる子どもたちの幸せにつながるのである。

（友松浩志）

3 生命尊重の保育とは

Ⅰ．生きものをかわいがる

　生命尊重は、保育現場において「生きものをかわいがる」という言葉に置き換えられることが多い。では、なぜ生きものをかわいがることが大切なのかを考えてみたい。

　私たち人間は、この世に生まれた一つのいのちである。同じように、園で飼っているカブトムシやウサギも、育てているトマトやキュウリも、植えられている木や草花も、すべて私たちと同じこの世に生まれた一つのいのちである。それを私たちは自分の都合で飼育したり管理したり、あるいは殺して食べたりしている。これがもし逆の立場だったらどうだろうか。自分がウサギやカブトムシに飼われる立場だったら？　体の一部（手や足など）をもぎ取られ食べられてしまう存在だったら？　大切にしてほしい、粗末にしないでほしいと思いはしないだろうか。あるいは、こんなことやめてほしい、自由にしてほしいと願うかもしれない。

　実はこうやって自分自身と立場を入れ替えて考えてみることが、生命尊重の原点である。それは、目の前にある一つひとつのいのちをありのまま尊重するということにつながっていくからである。

Ⅱ．いのちの平等性

　最古のお経と言われているものの一つに法句経がある。釈尊の生の言葉がそのままつづられているといわれている。その中の一節に「人と

して生まれることはとても珍しいこと」と書かれている。それは逆に言えば「人はいつでも人以外のいのちとして生まれる可能性がある」ということである。釈尊の教えは常にすべてのいのちを平等なものとして捉える。自分のいのちと他の動植物のいのちを、同じ重さ、同じ尊さとして受け止めるのである。生命尊重の保育とは、こうした釈尊の捉え方と同じような感覚を、子どもたちのなかに育むことではないだろうか。

　動植物を飼育栽培することがダメというのではない。子どもたちは飼育栽培によってさまざまないのちに出会い、それを知り、学ぶことができる。また、そのいのちが食べ物となって私たちを支えてくれるものであることなども知るだろう。大切なことは、動植物やその他の身の回りのものが、皆すべて私たちと同じ一つのいのちを生きる尊い存在であることを感じながら触れ合うということである。その結果、子どもは自然にそれらを大切にするようになるだろう。粗末にしたり乱暴に扱ったりすることもなくなり、感謝の気持ちも自然に芽生えるかもしれない。結果としてそれは「生きものをかわいがる」ことそのものになっていくのである。

　西欧のキリスト教文化において、人間は自然の上位存在として捉えられることが多い。したがって、西欧社会では人間とその他のいのちを同じ重さとして受け止める感覚はなかなか理解されにくいもののようである。いのちの平等性を抵抗感なく受け入れられるということ自体が、実はすでにかなり仏教的かつ日本的な感覚

なのかもしれない。前述の法句経では、たまたま人として生まれるということへの驚きと、そのいのちもいつか死んでなくなるのに今はまだ死なずに生きていることへの驚きが語られていく。つまり、今一瞬ここに人として生きていることの重さを感じ、今を大切にせよと説くわけである。不思議な縁によって人として今を生きている私たちが出会うさまざまないのちは、またさらに珍しく尊いものだといえないだろうか。そうやって出会ったいのちの一つひとつに真摯に向き合い、それを自分自身の一部として受け止めながらともに歩いていきたいものである。出会ったいのちを大切にすることは、結局自分を大切にすることにもつながっているのである。

Ⅲ. 子どものいのちを輝かせる

　いのちを尊重するというのは、当然のことながら人間同士でも同じことである。私たち保育者が目の前にいる子ども一人ひとりの声に耳を傾け、気持ちに寄り添い、ありのまま受け止めてともに歩くということである。そのような大人の姿勢にふれて、子どもは大人への信頼と安心感をもつようになり、そうした環境のなかではじめて子どもは自分らしさを発揮できるようになるものなのである。子どものいのちは一つひとつ皆違い、どれも皆尊い。その一つひとつがありのまま生き生きと輝けるような環境づくりをしていくことが、生命尊重の保育を標榜する私たち仏教保育者の最も重要な実践態度であろう。加えて、これは保護者や職員同士の関わりでもまったく同じことがいえる。相手の気持ちに寄り添い、敬意を忘れずにともに歩くということを忘れてはいけない。

　出会ったすべてのいのちを等しく大切にして輝かせること。これが、仏教の教えに基づく「生命尊重の保育」というものである。

（戸田了達）

122

第13講

仏教保育の歴史

〜 仏教保育のあゆみと将来 〜

若原道昭

1 日本の教育と福祉の担い手としての仏教

「保育」とは乳幼児に対する保護（養護）・教育（育成）を意味する。乳幼児は非力であり、一方でおとなに依存しなければ生きていくことができない存在であるがゆえに、おとなによる物心両面における「保護」が必要である。「たとえそのおとなの世界が大変よくないものであっても、おとなとおとなの世界がなければ、子どもも子どもの世界もありえない」とランゲフェルドはいう（『よるべなき両親』）。他方において乳幼児は、その保護のもとでさまざまな活動や経験をとおして学習し成長していく存在であるがゆえに、おとなによる「教育」が必要である。

乳幼児はこのように、「保護」と「教育」が不可欠な存在であり、この保護と教育という言葉から、乳幼児を育成したり教育したりすることを「保育」と呼ぶ習慣ができたのである。『保育所保育指針』にも、保育は「養護と教育が一体となって展開される」と述べられている。

このように一般的には、自立度の低い乳幼児を対象として、「保育」という語が用いられる。「養護」「保育」「教育」は、いずれも他者の「自己生成」への援助の活動であって、相手の自立度や発達度の程度によって使い分けられる語である。子どもの年齢が低くなり自立度が低くなればなるほど、保育と教育は不可分一体の関係になるから、「人間の教育は保育として始まる」といわれる。

そしてこうした子どもの養護、保育、教育に対して、日本においては6世紀に仏教が伝来して以降、仏教の「衆生」「凡夫」「仏性」などの人間観や、「縁起」「共生」「無我」などの世界観や、そこから生まれる「慈悲」「布施」「菩薩行」「報恩」などの実践が大きな影響を与えてきたことはいうまでもない。また、思想的理念的あるいは教義的な影響だけでなく、人材や組織力や財力の蓄積に基づいてなされた諸事業という面からも、多大の貢献がなされてきている。

以下において、さまざまな保育の場のなかでも特に施設保育において仏教が果たしてきた役割を中心に述べていくこととする。

2 日本の施設保育の歴史のなかの仏教保育

I. 古代・中世

近世はさまざまな教育機関が発達し、それらが近代学校の素地となったが、それらのなかには遠く古代・中世の教育機関にその淵源が求められるものもある。また、中世までは、子どもに対して全般的に無頓着であり、子どもの教育はほとんど家庭で親の自由な意志のもとに行われた。実際に幼児教育が行われていたのは、武士階級や裕福な商人、医師や僧侶や神官といった階層だけで、それ以外はほとんど放置されていた。したがって、幼児の保育・教育施設についての記録は極めて乏しい。

1. 古代の教育機関

古代には、教育機関としては「大宝令」(701年)によって、官僚養成を行う「大学寮」が設けられ、その大学寮に入るための準備教育を行うために各有力氏がその子弟のために設けた「別曹(氏院)」があった。例えば和気氏の弘文院や藤原氏の勧学院などがそれにあたる。また地方には、地方官僚養成のために国ごとに設けられた「国学」もあった。これらの教育内容はもっぱら儒教であった。

こうした有力者の子弟だけでなく、一般庶民の子弟をも対象とした教育機関には、空海(774〜835年)が設立した「綜藝種智院」(828年)もあった。ここでは仏教だけでなく、儒教、道教の三教が教えられた。また、各地に建立された寺院は、それ自体が僧侶養成の施設として教育機能をもっていた。他に、民間人によって開かれた「私学」もあった。その最古のものは、僧旻の塾

図1 光明皇后施療図（早稲田大学図書館所蔵）
光明皇后施療の伝説にちなんだ錦絵

図2 和気広虫姫保育之図
（原画は京都市護王神社蔵　山川恵川・画）
今日では我が国における保育事業の祖として祀られ、多くの参拝者が訪れている。

（632年）で、日本に仏教が伝来し崇仏派と排仏派の対立・抗争が始まった時に崇仏派の中心となった蘇我入鹿らも、ここで学んだといわれる。吉備真備が740年代につくった「二教院」は、儒教と仏教の二教を教育したものであった。また、各地方には庶民を対象とした私学もあったらしく、最澄（766～822年）は幼時に「村邑小学」で学んだと伝えられている。

　当時は貴族や僧侶が、仏教信仰に基づいて慈善活動を行った。よく知られているものに、聖徳太子（574～622年）※図3によって四天王寺に設けられた悲田院、療病院、施薬院、敬田院や、光明皇后（701～760年）※P.125 図1の悲田院、施薬院、施療活動がある。子どもの福祉については、和気清麻呂の姉にあたる和気広虫（法均尼、730～799年）※P.125 図2が、仏教への信仰あつく、遺棄された子どもたちを養子として育てた、と伝えられている。こうした孤児救済活動は、日本の児童保護施設の先駆をなすものである。

図3　唐本御影（宮内庁蔵）
聖徳太子と2人の王子と伝えられている。

　他にも、平安時代から江戸時代にいたるまで、慈悲の精神に基づいて児童福祉・社会福祉事業に貢献した仏教者は後を絶たなかった。

2．中世の「学校」

　中世に入ると、教育機関はさらに発達・普及し、寺院や武士や皇室がつくった「学問所」や、奈良・平安以来の旧仏教がその本山や大寺などに設けた僧侶養成機関である「勧学院」があった。その最も古いものには東大寺や比叡山西塔の勧学院がある。これらは近世に入ると著しく学校化し、寺院としての性格を希薄にしてしまった。また、日本で最初に「学校」と名づけられた、足利氏が設けた私的教育機関である「足利学校」もある。この学校の庠主（校長）は代々僧侶であったが、仏教ではなく中国の古典のみが教育された。他方で、フランシスコ・ザビエルの鹿児島上陸（1549年）以来、ヨーロッパ宣教師によるキリシタンの学校も各地につくられ、キリスト教の布教活動とあわせて教育が行われ、信者を増やしていった。また布教・教育活動以外にも、育児院や医療院も建てられた。

　平安時代初期より、寺院において修行する子どもはいたが、時代とともにしだいに、学問修行だけを目的として寺院に入り居住し、将来必ずしも出家しないという子どもも増えてきた。そのような、僧侶になるための準備教育を受けるのでなく、もっぱら武士の子どもで寺院に行って世俗教育を受ける者を、室町時代に「寺子」と呼んだ。寺院がその活動の一環として世俗教育を引き受けていたのである。これらは「村校」「村学」「小学」等、さまざまな名前で呼ばれた。これが次第に庶民化し、寺院で行われるだけでなく民間人の手によって行われるようになり、普及していった。これらは「寺子屋」「訓蒙屋」「指南屋」などとも呼ばれた。

Ⅱ. 近世

　江戸時代中期以降、町人階級の経済的実力の蓄積を背景として、寺子屋が急速に普及していった。幕府もこれを公民教育の場として積極的に奨励した。そこでは7～8歳の子どもから教育を受けていた。時には幼児もいたが、寺子屋そのものは幼児のための教育・保育施設ではなかった。寺子屋では、読み・書き・算盤という基本的・実際的な知識や技術の教育と、町人としての心得や生活教訓を教えこむ教育が中心であった。後者についていえば、御公儀への服従、分限思想や少欲知足の生き方、儒教的な忠孝や義のモラル、仏教的な恩のモラルが封建的支配秩序を支える体制道徳として重視された。これらの教育機関のうちには、明治以降の小学校の母体として引き継がれていったものもある。

　保育施設の萌芽的なものとしては、永井堂亀友の『小児養育気質』(1773年) に紹介されている京都の布袋屋徳右衛門 (幻心) が自宅を子どもたちに開放したものがある。また、佐藤信淵の『垂統秘録』(1849年) には、三台六府の新しい理想的国家をつくるための教育や社会事業が構想されているが、その構想のなかには、貧民乳幼児の保育を行う「慈育館」や、保育施設としての「遊児廠」や初等教育機関としての「教育所」などもあった。

Ⅲ. 近代

明治期に入り、朝廷を国家権力統一の中心とする新しい政治体制がスタートし、国家の強力な主導のもとに、近代国家を形成し欧米列強に対抗する政策がすすめられた。一方で祭政一致・天皇親政という復古的政策をすすめ、皇国思想や天皇讃仰の念を普及高揚させるために神道国教化がはかられるとともに、他方では文明開化

の風潮も強く、新しい欧米文化が積極的に導入された。政府内では、儒学者、国学者や神道家を中心とする復古派と、洋学者を中心とする近代化推進派との葛藤・対立をはらみつつ、試行錯誤が続けられた。教育界においては、儒学復活をめざす元田永孚と、伊藤博文を中心とする開明派との間の徳育論争はそのあらわれであり、これに一応の終止符を打ったのが「教育に関する勅語」1890 (明治23) 年であった。

1. 明治の保育施設

　まず、明治初期に新しく保育施設が誕生した。1871 (明治4) 年に横浜に3人のアメリカ婦人宣教師によって「亜米利加婦人教授所」が開設された。1872 (明治5) 年の「学制」では、フランスの「育幼院」をモデルにした小学校就学前の幼児教育施設として「幼稚小学」が規定されているが、これは実際には設置されなかった。1875 (明治8) 年には、京都府船井郡の龍心寺に「幼稚院」、京都上京第30区小学校に幼児保育のための「幼穉遊嬉場」がつくられた。

　1876 (明治9) 年に、東京女子師範学校附属幼稚園※図4が開設され、この官立モデル幼稚園の影響下に鹿児島や大阪にいくつかの幼稚園が生まれた。私立の幼稚園も開設されはじめ

た。仏教系では、1879 (明治12) 年に東京に各宗派の有志によって設立された6歳未満の貧児教育施設である「福田会育児院」や、翌年の「育児院保嬰会」(秋田県)、「育嬰同盟社」(茨城県)、「真宗教社養児院」(仙台市)、1888 (明治21) 年の「幼稚保育所」(新潟県) などがある。キリスト教関係の幼稚園の進出に刺激を受けつつ、他方で神仏分離・廃仏毀釈の嵐に対抗して、仏教界も社会福祉事業に取り組み、仏教者の手による地域の教育活動・福祉活動が展開されていったのである。また、キリスト教系では、1880 (明治13) 年の「桜井女学校附属幼稚園」(東京) や 1886 (明治19) 年の「英和幼稚園」(石川)、1889 (明治22) 年の「頌栄幼稚園」(神戸) などがあった。

　やがて文部省 (現 文部科学省) が1882 (明治15) 年に簡易幼稚園を奨励したことによって、特に都市を中心に幼稚園が普及していく。また「子守学校」がつくられ、小学校が労働者・農民のための託児的機能を果たそうとした。社会の上層富裕な家庭の幼児を対象として発達した幼稚園に対して、貧民層や勤労者階級の幼児の保育施設として発達したのが託児所・保育所であった。そして明治20年以降は、経済発展とともに幼稚園・保育所は発達し充実していった。

図4 二十遊嬉之図
(明治12年頃)
お茶の水女子大学提供

上段右より／第1恩物　六球法　2 三躰法
　　　　　　3〜6 積躰法
中段右より／7 置板法　　8 置箸法
　　　　　　9 置鐶法　　10 図画法
　　　　　　11 刺紙法　　12 繍紙法
　　　　　　13 剪紙法
下段右より／14 織紙法　15 組板法
　　　　　　16 連板法　17 組板法
　　　　　　18 摺紙法　19 豆工法
　　　　　　20 模型法

フレーベルの「恩物」を使った保育法として考案された「幼稚園法二十遊嬉」(東京女子師範学校　関信三氏による) の実践を描いたもの

2. 保育需要の変化

　産業の発達にともなう新しい社会問題の発生によって、保育需要も変化していった。季節保育所 (農繁期託児所) や職場保育所 (工場附設託児所) もつくられた。託児所・保育所の発達は、近代産業の発達にともなう女性労働と深い関係をもっている。1890 (明治23) 年に、日本最初の常設託児所である「新潟静修学校」附設託児所や、農村託児所の「下味野子供預り所」(鳥取県) が生まれ、1894 (明治27) 年に最初の工場附設託児所として大日本紡績会社の東京・深川工場託児所が設けられた。1901 (明治34) 年には仏教系幼稚園として、京都市に「常葉幼稚園」、足利市に「足利幼稚園」※図5が、そして 1902 (明治35) 年に浅草・東本願寺に「徳風幼稚園」が、1905 (明治38) 年に千葉県に「成田幼稚園」が開設されている。

　1899 (明治32) 年に、幼稚園の普及・発展とともにその制度を整備・統一するために「幼稚園保育及設備規程」が定められた。これは後に「小学校令」を経て、1926 (大正15) 年の「幼稚園令」につながるものである。

　さらに日清戦争・日露戦争を経て産業が発達するとともに、都市における労働問題、貧民問題、社会問題が深刻化していく。特に貧民対策のためのセツルメント事業のひとつとして幼稚園設立が行われた。またこの時期、財政緊縮の影響を受けて、公立幼稚園が低迷し、私立が急増した。日露戦争時には、出征軍人家族の救護を目的とした戦時保育事業が行われ、1904 (明治37) 年に東京・築地本願寺に「出征軍人幼児保育所」が設けられたのはその一例である。こうした戦時保育所のうちのあるものは、戦後も常設の保育所となった。

　このころから、仏教各宗派において、あるいはそれらをこえて横断的に、仏教精神に立脚して社会問題にとりくむ慈善活動団体の結成が相次ぐようになる。1901 (明治34) 年に「大日本仏教慈善会財団」、1909 (明治42) 年に「日本仏教同志会」などがそれである。

　明治後期になると、貧困地区対策の一環としても保育所が設けられるようになる。この傾向は、さらに大正時代になると顕著となる。第一次大戦後、労働争議、小作争議が活発となり、また 1918 (大正7) 年には米騒動が起こった。こうした事件をきっかけとして、治安、防貧、教化、融和対策として公立託児所が次々と誕生した。1920 (大正9) 年、第5回全国社会事業大会が開かれ、保育所拡充が決議された。このころから全国に保育所が急増していった。

図5　足利幼稚園
　　（庭で先生と園児のリズムの
　　　風景・明治42年頃）
鑁阿寺学園
認定こども園足利幼稚園提供
奥はお寺兼園舎

3. 戦時下の保育

　昭和前半期、1929（昭和4）年の大恐慌を
きっかけとして、経済的社会的不安が増大し深
刻化していった。国際情勢は急激に変化して
いったが、日本も急速にファシズムに傾斜して
いく。幼児教育・保育も戦時色を強め、戦時体
制に組み込まれていった。このような時期に、
1929年の天皇即位式大典を記念して、仏教保
育協会が結成された。これは、仏教保育事業の
科学的研究をすすめるとともに、各宗派別に分
かれて運営されていた仏教系幼稚園・託児所等
の間の連絡統一をはかることを目的とするもの
であった。その中心となって結成準備にあたっ
た堀緑羊（信元）らの活躍によって、仏教保育
協会の事業は順調に拡充されていき、1931（昭
和6）年に第1回全国仏教保育大会が開催され
た。また翌年に月刊誌『佛教保育』※図6 が
発刊され、1935（昭和10）年には東京に仏教
保育協会保姆養成所（現在のこども教育宝仙大
学）が開設された。

　1938（昭和13）年には、託児所・保育所の
準拠すべき法律として「社会事業法」が制定さ
れた。戦争の進展は銃後の施設として託児所の
必要性を高め、公立保育所政策の緊急性が増大
した。生産増強と食糧増産、留守家族対策とし
て託児所が急増し、寺院などがこれに利用され

**図6 「佛教保育」
　　　創刊号**

た。これらは戦時託児所と呼ばれた。1941（昭
和16）年に制定された「国民学校令」では「皇
国の道に則る国民の基礎的錬成」が強調された
が、幼児教育においても「皇国の幼児をいかに
保育すべきか」が議論され、保健やしつけや集
団訓練が重視された。

Ⅳ. 第二次大戦後

1. 民主主義教育のスタート

　1945（昭和20）年8月14日、ポツダム宣
言受諾（降伏）の詔書が発布され、それ以降は
政治、経済、社会、教育など各方面にわたって、
軍国主義や超国家主義を払拭し、民主主義の復
活・定着をはかる政策が進められた。1947（昭
和22）年、「教育基本法」「学校教育法」等が制
定され、これに基づく新しい学校制度がスター
トした。学校教育法第1条で、幼稚園は小学校
や中学校などとならんで学校としての位置づけ
を確立し、再出発した。教育の目的については、
戦前の教育が個人を国家の犠牲にしてきたこと
の反省の上に立って、教育基本法で個人の「人
格の完成」がうたわれている。

　また同じく1947年に制定され1948年1月
1日から施行された「児童福祉法」によって、
児童福祉施設のひとつとして保育所が法的に確
立された。同時にこれによって、幼稚園と保育
所の二元行政が固定化されることになった。こ
れに対して、幼稚園と保育所をともに仏教保育
事業として一体的にとらえる視点をもっていた
仏教保育界では、戦前から一貫して幼保一元化
への志向が流れつづけており、実際にその試み
もなされてきた。

　終戦直後は戦災孤児や浮浪児の救済策が最優
先課題であったが、児童福祉法制定のころから
保育所設立が推進されるようになる。全国的に
仏教寺院が新しい保育所を設立するものが相次
いだ。ただし、1967（昭和42）年の児童福祉

「いかせいのち」の童像（高野山）
昭和37年　第7回全国仏教保育大会の折に建立された

法改正によって、それ以降は保育所の設置主体に占める社会福祉法人以外の宗教法人等の割合は、大きく減少している。

　1950（昭和25）年に戦後の第1回全国仏教保育大会が開催され、昭和18年以降事実上の活動を停止していた日本仏教保育協会が再発足し、以後隔年に大会が開催されている。またこの間、各宗派にも保育事業団体が組織され、それぞれの立場においても活動が行われている。その後、1960年代の高度経済成長期に、特に女性労働の増加にともなって日本の保育事業は大きな飛躍をとげた。幼稚園・保育所の数が急激に増加し、それとともに日本仏教保育協会も組織が拡大強化され、1969（昭和44）年に社団法人として認可された。

2. 少子化への対応

　やがて幼稚園・保育所をとりまくこうした環境に大きな変化をもたらしたのは、子どもの出生率の低下による少子化であった。1994（平成6）年12月、少子化の一層の進行や女性の社会進出などの環境変化に対応するため、文部・厚生・労働・建設の4大臣合意による「今後の子育て支援のための施策の基本的方向について（エンゼルプラン）」が策定された。これは、今後10年間の子育て支援のための基本的方向

と重点施策を盛り込んだもので、その具体化の一環として、保育需要の多様化等に対応するため、当面緊急に整備すべき保育対策について平成11年度までの目標を定めた「当面の緊急保育対策等を推進するための基本的考え方（緊急保育対策等5か年事業）」も策定された。これに従って、0〜2歳の低年齢児保育や延長保育、一時的保育、放課後児童クラブ、地域子育て支援センター等が整備されることとなり、仏教系保育所も対応を求められることとなった。少子化対策は、このエンゼルプランなどに基づいて推進されてきたが、さらに1999（平成11）年12月に新たに大蔵・文部・厚生・労働・建設・自治の6大臣の合意にもとづいて、「重点的に推進すべき少子化対策の具体的実施計画について（新エンゼルプラン）」が策定された。

3　子どもをめぐる問題の多様化

　また同様に子ども・家庭をめぐる環境変化、家庭や地域の子育て機能の低下にともなう児童虐待や不登校児童の増加など、問題が多様化・複雑化していることを背景として、1997（平成9）年に児童福祉法の一部改正が行われ、翌年4月1日から施行された。この改正のなかで、保育施策では保育所への入所が市町村による措置から選択利用システムに変更され、保護者が希望する保育所へ子どもを入所させることができるようになった。また援助を必要とする児童の支援施策では、その自立支援を基本として各施設の機能や名称が見直されている。その他、児童相談所の相談機能の強化や、児童家庭支援センターの創設が定められている。

　他方で文部省（現 文部科学省）は、1998（平成10）年12月に、『幼稚園教育要領』を改訂（平成12年4月施行）し、その中で学校教育法にもとづいて子どもの「生きる力」の基礎の育成を強調し、また幼稚園における子育て支援や預かり保育についても言及している。こうした『幼

稚園教育要領』の改訂作業と平行して、3歳児以上の保育の教育部分について『幼稚園教育要領』との整合性をはかるために、そして児童福祉法の改正を受けて、少子化の進行や保育需要の増大、家庭や地域の養育機能の低下などに対応するために、『保育所保育指針』が1999（平成11）年に改訂され、翌年4月より施行された。さらに2003（平成15）年7月には、児童福祉法の再度の改正により、「保育に欠ける児童」だけでなく、すべての児童の放課後の健全育成が同法の対象となった。また「次世代育成支援対策推進法」と「少子化社会対策基本法」の成立により、「労働と育児の両立」実現のため、省庁の枠組みを超えて「乳幼児を一元的」にとらえた保育の推進が提起された。2006（平成18）年10月には幼稚園と保育所の機能をあわせ持つ「認定こども園」が正式にスタートした。

　『保育所保育指針』は、2009（平成21）年施行の際に、保育の質の向上の観点から最低基準としての性格の明確化、保育所の創意工夫や取り組みを促す観点から内容の大綱化が図られ、保育の専門性が強調されている。しかしなお、待機児童の解消や地域の保育機能の維持など、近年の社会環境の変化によるさまざまな課題には、まだ十分に対応しきれていないという現状がある。

　さらに、2017（平成29）年には、『幼稚園教育要領』『保育所保育指針』『幼保連携型認定こども園教育・保育要領』が同時に改訂（定）され、3つの施設が共通のねらいと内容をもつこととなった。

　このように今日の乳幼児保育・教育をとりまく状況は、急速に変化し、問題は複雑化・多様化しており、仏教保育者として確固とした見識と判断と実践力をもってこれに対処していくことが厳しく求められている。私立園にとって、特に仏教系の園にとって、その創設の精神は特別な意味をもっている。こうした時代であるからこそ、準拠すべき各園・各施設の本来の創設の精神を確認し、その社会的使命を果たしていかなければならない。

（若原道昭）

【参考文献】
『仏教保育講座』日本仏教保育協会編、鈴木出版、1969年
『日本幼児保育史』日本保育学会、フレーベル館、1968年
『近代仏教教育史』斎藤昭俊、国書刊行会、1975年
『佛教保育史』日本仏教保育協会、1978年
『幼稚園教育百年史』文部省、ひかりのくに、1979年
『仏教保育内容総論』日本仏教保育協会、チャイルド本社、1985年
『原典仏教福祉』原典仏教福祉編集委員会、北辰堂、1995年
『日本仏教福祉概論』池田英俊・芹川博通・長谷川匡俊、雄山閣出版、1999年
『よるべなき両親』M.J. ランゲフェルド、和田修二監訳、玉川大学出版部、1980年

第**14**講

仏教保育の基礎知識

五島　満

① お寺って どういうところ？

　豆知識といってもそれぞれ各宗派でいろいろと異なる。ここではお寺の中にある幼稚園、保育園、こども園で目にする、または日常耳にすることからピックアップしてみることとする。

I．お坊さん

　お寺といえばお坊さん。正式には僧侶（そうりょ）というが、いろいろな呼びかたがある。和尚（お しょう）さん、住職（じゅうしょく）さん、院主（いんじゅ）さん、方丈（ほうじょう）さん、上人（しょうにん）さんなどが一般的。

　そのお坊さんが着ている和服を法衣（ほう え）とか、略して衣（ころも）と呼ぶ。改まって装束（しょうぞく）と呼ぶこともある。左手には数珠（じゅ ず）。一重のものと二重のものがあり、玉の数は 108 が基本だが、異なるものもある。糸で編んだふさが下にくるようにしてかける。数珠はただの腕輪ではなく、本来は玉同士の関係を仏と人間の関係にみなしたり、修行のために、色々な数や回数を数えるためのカウンターだったりする。いずれにしても仏事（ぶつじ）には欠かせないものとして覚えておこう。

　袈裟（けさ）も宗派によって皆異なる。儀式で使う金や華やかな色で染めた糸で作った華やかなものから、首にかける輪になった布地のようなものはそれが簡略化されたものである。先の法衣の上に首からかけたり、肩からつったり、上半身にまきつけていたり、形もさまざまであるが、だいたい法衣の上につけていたらそれは袈裟である。またその呼びかたも宗派によって異なる。仏さまの前で身を正す正装でありコスチュームである。そしてお坊さんとは仏さまのテーマパークへ人々を案内する「案内人」なのである。

II．本堂のテーマは光と香りといのち

　さて本堂に目を向けてみよう。そこは仏の世界を形にした「テーマパーク」と言ってもよいかもしれない。多くは経典（きょうてん）として、お釈迦（しゃか）さまが語った「仏の世界」を実際に形どったものといえる。中心には仏さま（宗派やお寺によって中心にある仏さまも異なる）がいらっしゃる。立っていたり座っていたりする。

　仏さまってどんな方？　あなたはそう尋ねるかもしれない。「仏」とは「目覚めたもの」という意味であり、人間の欲や感情や分別、執着の心から来る「迷いから解放された人」という意味である。そして「その目覚めは本当に尊い」という思いを込めて、「本尊（ほんぞん）」とお呼びする。

法衣
袈裟
数珠

※イメージイラストです。
　様式は宗派によって異なります。

そんな境地からおとなにも子どもにも、慈しみと悲しみのまなざしを向けてくださっているのである。感情や欲に惑わされることのない仏の境地と、感情や欲に惑う人間の境地とのキャッチボール。仏さまは「鏡」のような方。そこに映る「自分の姿」を見つめる、双方向の行為が「仏さまを拝む」ということではないだろうか。

そんな仏さまのテーマパークは「光」「香り」「いのち」が大きな三要素となり、「光」は灯火（とうか）をともし、「香り」はお香を焚き、「いのち」は花を供えることで構成される。光は私たちの迷いの姿を照らし出し、香りは私たちのストレスを癒し、心をリフレッシュさせ、いのちは今生きることの意味に立ち返らせるためのものなのだ。そんな三要素のことを「三具足」（みつぐそく）と呼び、仏さまとともに本堂の中心部分なのである。お坊さんはいわばそんなテーマパークの案内人なのだ。

そしてお坊さんのコスチュームは法衣や袈裟や数珠。目に見える形だけにとどまらず、仏の心をも語る案内人なのである。

本堂にはいろいろな音もある。ゴーン、チーン、カーン。代表的なのは鐘の音色である。お経を読む始めと終わりに合図のように鳴らす。これも迷いから目覚めなさいと呼びかけるアラームである。アラームを合図にお経の言葉に耳をかたむけてごらんなさい。そんな役目である。

仏さまのお姿を中心に光と香りといのちを象（かたど）った場所がお寺なのだ。

お経を中心にして人間に呼びかけ、癒し、正し、安らがせる。そんなテーマパークに幼稚園や保育園、こども園が囲まれているとしたらこれはとてもたのしいことではないだろうか。

お寺独自の行事などで地域からも親しまれているとなればたのしさも倍増で、地域密着の保育も生まれ出るかもしれない。

Ⅲ. 法事・お葬式・お墓

また、お寺といえば法事、お葬式、お墓……とイメージすることだろう。

しかしよく考えてほしい。全てに共通するテーマは「人間の死」ということだ。幼稚園や保育園、こども園がはつらつと伸びる子どものいのちをはぐくむ場だとすれば、人の死を扱うお寺もまた、別の形としての「いのち」を扱う場としてとらえられないだろうか。不吉だとか、

縁起が悪いとか忌み嫌うことはない。人は皆死を身のうちに含んでいるのだ。

　園での飼育や栽培だって、生と死を見る教育だ。お弁当や給食でも「食べものとして他のいのちをいただく（殺す）」という生きることの罪深さや大切さを学ぶ場である。

　そう考えると「死」というものがおとなにも子どもにも大切な教育であり、メッセージなのだと受け止めるほうが大事なことではないだろうか。

　したがってお葬式も法事も、先立つ人の死に直面し、今ある自らのいのちのかけがえなさに目を向けさせる仏さまのテーマのひとつなのだ。

　お寺の中にある園にいると、法事にもお葬式にも出会うことがある。いのちをはぐくむ場であるとともに、はぐくまれたいのちの終わりをも受け入れる場でもあるのだ。生と死が正反対のものでなく、生のなかに死があり、死から生が生まれ出る、サスティナブルな関係性ととらえてみたい。

② 「環境」としてのお寺

　前述したようにお寺の本堂も、建物や庭のレイアウトである伽藍も、仏の世界を目に見える形として表現したものである。そこを訪れる者に仏の世界のようすを見せようと形作られたものである。

　したがってお寺とは伽藍も本堂も庭も、人間を迷いから仏の世界へと導く「環境」なのである。日本の各地にある有名な仏閣（お寺）もすべてそれが目的である。

　テーマパークにもアトラクションの中にさまざまな演出がある。だんだん暗くなったり、光を照らしたり……というように一層アトラクションを効果的に感じさせるためのものである。

　お寺の伽藍もそれに似ている。たとえばまっすぐな本堂へ続く石畳の直線。これは仏さまの世界である本堂へまっすぐ進めという形であろう。そもそもお寺の本堂の屋根は中心が三角に盛り上がる合掌造りが多い。建物自体が手を合

わせているということだ。

　敷石の庭や池、さまざまな樹木、植物も「静寂」の演出であったり仏の国の模倣イメージであろう。人気のご朱印集めは、その仏さまの環境に身を置いたことを表すスタンプカードである。

　これが仏の教えを伝えるための「環境」なのである。環境をとおして人間を教育（仏教ではよく教化という言葉を使う）するために構成された形なのである。

　『幼稚園教育要領』『保育所保育指針』『幼保連携型認定こども園教育・保育要領』の総則にも、ともに「環境を通して…」という言葉がある。「総則」はその物事の根本原則を表すもので、そこが明確にうたわれているのである。

『幼稚園教育要領』総則

　「幼児期の教育は、生涯にわたる人格形成の基礎を培う重要なものであり、幼稚園教育は、学校教育法に規定する目的及び目標を達成するため、幼児期の特性を踏まえ、環境を通して行うものであることを基本とする」

『保育所保育指針』総則

　「保育に関する専門性を有する職員が、家庭との緊密な連携の下に、子どもの状況や発達過程を踏まえ、保育所における環境を通して、養護及び教育を一体的に行うことを特性としている」

『幼保連携型認定こども園教育・保育要領』総則

　「乳幼児期全体を通して、その特性及び保護者や地域の実態を踏まえ、環境を通して行うものであることを基本とし、家庭や地域での生活を含めた園児の生活全体が豊かなものとなるように努めなければならない」

と示されていて、教育・保育は「環境を通して行う」ということが大切にされ、それが共通のスタイルなのである。そして園がお寺とつながっていたりするのであれば、「子ども達の環境」は同時に「仏さまの世界の環境」とつながりあっているということである。

　それは仏の目覚めた世界に歩ませようとする環境が、おとなにも子どもにも等しく開かれて

いるということに他ならない。お寺の中に園があるということで、子どもたちは光と香りといのちのテーマの中にすでに抱かれているということになる。幼稚園や保育園、こども園とお寺がそのような関係で存在しているという「環境」をぜひ大切に思っていただきたいものである。

(五島 満)

3 各宗派の保育団体

仏教にはさまざまな宗派がある。日本仏教保育協会に加盟している宗派のいくつかは、乳幼児教育、保育を大切な伝道教化ととらえて、幼稚園・保育園・こども園等合同の組織や連合会などを形成している。

研修会や教材の発行といった事業や、仏教の教えに親しむための研修など、仏教保育ならではの宗教情操的な研修も行われている。

■天台保育連盟（天台宗）
東京都世田谷区鎌田 3-23-19
永安寺学園幼稚園内
□ 加盟園数
90 の幼稚園・保育園・認定こども園
□ 活動内容
　○7月　教諭・保育士宿泊研修会
　　　　会場：比叡山延暦寺会館
　　　　天台宗の教えや写経、座禅、食事作法を学び、各園の仏教保育に役立てている
　○8月　全国保育大会
　　　　全国各県を巡り、毎年約 100 名が参加。大会にて教職員永年勤続表彰式を開催
　○11月　園長・設置者会
□ HP　http://www.tenporen.jp/

■真言宗豊山派保育連合会（真言宗豊山派）

東京都葛飾区水元 5-5-33　遍照院幼稚園内

□ 加盟園数

　90 園の幼稚園・保育園

□ 活動内容

　○ 全国の加盟園教諭・保育士が集い研鑽する研修大会の開催（年 1 回）

　○ 人形劇団とともに全国の加盟園をめぐる巡回保育

　○ 豊山保育の歌の普及活動

　○ 機関紙「豊山保育」発行（年 1 回）

　○ 真言宗 5 派（高野山真言宗保育連盟・真言宗大覚寺派保育連盟・真言宗御室派福祉連盟・智山保育連合会・真言宗豊山派保育連合会）で、「真言宗保育合同園長設置者研修会」の開催

■智山保育連合会（真言宗智山派）

東京都港区愛宕 1-3-8

総本山智積院別院　真福寺内

□ 加盟園数

　約 50 園の幼稚園・保育園・養護施設

□ 活動内容

　○ 総本山智積院・成田山新勝寺・川崎大師平間寺・高尾山薬王院などを会場とし、加盟園教諭・保育士を対象に「智山保育大会」を開催（年 1 回）

　○ 機関紙の発行（年 1 回）

　○ 真言宗 5 派（高野山真言宗保育連盟・真言宗大覚寺派保育連盟・真言宗御室派福祉連盟・智山保育連合会・真言宗豊山派保育連合会）で、「真言宗保育合同園長設置者研修会」の開催

■浄土宗保育協会（浄土宗）

東京都港区芝公園 4-7-4

浄土宗宗務庁社会部内

□ 加盟園数

　約 410 園の幼稚園・保育園・認定こども園

□ 活動内容

　○ 全国研修会・各地区の研修会の開催（年 1 回）

　○ 教諭・保育士向け帰敬式の開催

　○ お誕生カードなど、園で使える教材の製作発行

　○ 職員交流事業・海外研修などの実施

□ HP　https://jodohoiku.com

■浄土真宗本願寺派保育連盟（浄土真宗本願寺派）

京都府京都市下京区堀川通花屋町下ル

浄土真宗本願寺派宗務所内

□ 加盟園数

　951 園の幼稚園・保育園・認定こども園

□ 活動内容

　○ 機関紙「保育資料」の刊行

　○ 新任教職員補任式（各教区・ブロック）

　○ まことの保育大学講座（ブロック別）

　○ 降誕会「園児のつどい」

　○ まことの保育セミナー・全国保育大会（隔年）

　○ 仏教保育大学講座（真宗六派共催）

　○ まことの保育中央講座・まことの保育指導者養成中央講座の開催

　○ 園で使える教材の作製・頒布等

□ HP　https://hoiku.hongwanji.or.jp

■公益社団法人大谷保育協会（真宗大谷派）

京都府京都市下京区烏丸通七上ル常葉町

真宗大谷派宗務所　教育部内

□ 加盟園数

　434園の幼稚園・保育園・認定こども園

□ 活動内容

　○ 真宗保育理念「本願に生き、ともに育ちあう保育」・総合テーマ「ともに生きともに育ちあう保育を実践しよう」のもと、保育・幼児教育の振興に寄与することを目的とし、活動を行う。

　○ 新任研修会

　○ 主任中堅保育者研修会

　○ カリキュラム研修会

　○ 設置者・園長等研修会

　○ 仏教保育大学講座（真宗六派共催）

　○ 全国真宗保育研修大会

　○ 真宗保育ブックレット、「ほいくしんり」、「真宗保育」の発行

　○ 保育心理士の認定（子どもや保護者の心に寄りそう保育の専門家を養成。会員は約 4,000 名）

□ HP　https://www.shinsyuhoiku.jp

■曹洞宗保育連合会（曹洞宗）

東京都港区芝 2-5-2　曹洞宗宗務庁内

□ 加盟園数

320 園の幼稚園・保育園・認定こども園

□ 活動内容

○ 永平寺・總持寺を会場とした保育研修大会、ならびに全国各地を会場に園長・副園長・主任研修会の開催（年 1 回）

○ 教化教材「曹洞宗保育ハンドブック」、紙芝居、ペーパークラフトなどの作成

○ 機関紙の発行（年 1 回）

■妙心寺派社会事業協会（臨済宗妙心寺派）

京都府京都市右京区花園木辻北町 1

臨済宗妙心寺派宗務本所　教学部内

□ 加盟園数

約 100 園の幼稚園・保育園・養護施設、老人ホーム等を含む社会福祉施設

□ 活動内容

○ 全国の加盟園が集う「社会事業従事者研修大会」を実施

参加者の 7 ～ 8 割が保育に従事する者。教育・幼児福祉などの話から、全般に通じるような内容をテーマに活動している。

○ 機関紙「妙心寺派社会事業協会だより」の発行

■高野山真言宗保育連盟（高野山真言宗）

和歌山県伊都郡高野町高野山 132

高野山真言宗教学部内

□ 加盟園数

69 園の幼稚園・保育園

□ 活動内容

○ 研修会（著名人、学識経験者を招いての講演会、施設見学など）の開催（年 1 回）

○高野山を会場とした高野山真言宗保育大会の開催（隔年）

○ 園長・設置者・主任研修会の開催（隔年）

○ 稚児大師などの塗り絵配布等

○ 真言宗 5 派（高野山真言宗保育連盟・真言宗大覚寺派保育連盟・真言宗御室派福祉連盟・智山保育連合会・真言宗豊山派保育連合会）で、「真言宗保育合同園長設置者研修会」の開催

■日蓮宗保育連盟（日蓮宗）

東京都大田区池上 1-32-15

日蓮宗宗務院伝道部内

□ 加盟園数

約 110 園の幼稚園・保育園・認定こども園・大学

□ 活動内容

○ 全国各県をめぐる保育研修大会の開催（毎年夏）

○ 指導者研修会の開催

○ 立正大学・身延山大学との教育提携

○ 各地区各研修会への助成及び講師派遣

○ 教材研究会議

○ 保育者ハンドブック・日蓮宗の保育「みんなほとけの子」の発行

○ 研究紀要の発行（年 1 回）

■真言宗大覚寺派保育連盟（真言宗大覚寺派）

京都府京都市右京区嵯峨大沢町 4

□ 加盟園数

11 園の幼稚園・保育園・認定こども園

□ 活動内容

○ 研修会の開催（年 1 回）

○ 真言宗 5 派（高野山真言宗保育連盟・真言宗大覚寺派保育連盟・真言宗御室派福祉連盟・智山保育連合会・真言宗豊山派保育連合会）で、「真言宗保育合同園長設置者研修会」の開催

■真言宗御室派福祉連盟（真言宗御室派）

広島県広島市東区二葉の里 2 - 6 -25

認定こども園二葉学園内

□ 加盟園数

28 園の幼稚園・保育園・認定こども園・養護施設・心身障害者施設

□ 活動内容

○ 仏教保育と福祉事業の研鑽に努め、会員相互の親睦を計るために、保育士・教職員向けの研修会の開催。（年 1 回）

○ 総本山仁和寺を会場に研修会を開催（隔年）

○ 各県を巡り、研修会を開催（隔年）

○ 初春号福祉連盟だよりの発行（年 1 回）

○ 真言宗 5 派（高野山真言宗保育連盟・真言宗大覚寺派保育連盟・真言宗御室派福祉連盟・智山保育連合会・真言宗豊山派保育連合会）で、「真言宗保育合同園長設置者研修会」の開催

日本仏教保育協会の概要

公益社団法人日本仏教保育協会（略称日仏保）

仏教に基づいた保育の充実を図り、仏教保育を推進するため、昭和4年に仏教系幼稚園、保育園及び養成機関の全国組織として発足。昭和44年11月15日に文部省（当時）から社団法人の認可、さらに平成24年度に内閣府より公益社団法人の認定を受け、活動を続ける最も歴史の長い保育団体である。

日仏保の組織・活動

名誉会長　小澤憲珠台下
理事長　髙山久照
加盟園　1038施設（令和5年現在）
　　　　幼稚園474園　保育園382園
　　　　認定こども園152園　養成機関30校
支部　47支部
本部　〒105-0011　東京都港区芝公園4-7-4
　　　TEL　03-3431-7475
　　　FAX　03-3431-1519
　　　https://www.buppo.com/
基本方針　生命尊重の保育確立と心の教育の推進
　　1. 生命尊重の保育推進
　　2. 活力ある日仏保をめざし会員の為の
　　　　運営基盤の確立を図る
　　3. 魅力ある日仏保を確立し会員の期待
　　　　に応える
　　4. 国際交流・社会貢献のできる日仏保
　　　　をめざす

上記の組織・基本方針で、仏教保育の調査研究と仏教保育者の資質の向上を図り、もってわが国の幼児教育の振興に寄与することを目的に活発に活動している。

日仏保の主な事業内容

（1）生命尊重の保育実践・普及活動
　　　生命尊重募金を実施。国内外の困難な状況下にある子どもたちを支援。
（2）仏教保育推進のための調査・研究
　　　仏教保育研究所を設置し、各種団体と協力。また仏教保育講師を多数委嘱し講師団を結成している。
（3）現職教育
　　　全国大会・中央講習会・支部講習会・ゼミナール等
（4）指導者養成
　　　仏教保育研修会、養成機関連絡協議会
（5）機関紙・研究誌・仏教保育教材等の編集・刊行
（6）内外保育関係機関との連絡提携
（7）保育制度対策の活動
　　　仏教保育振興国会議員懇話会・日仏保弁護士団との連絡提携
（8）国際交流
　　　－インド菩提樹学園の育成協力－
　　　昭和52年釈尊報恩感謝の実践行としてインド日本寺内に寄贈した保育施設で、毎年運営資金を贈り続けている。毎年、訪問団を派遣して内容の充実を図る。
　　　時には直接保育指導にあたる教師の派遣も実施する。

（9）奨励事業

日仏保の主な出版活動

■機関紙「仏教保育」―月刊　園長・教職員対象
■研究誌「仏教保育カリキュラム」
　　―月刊　教職員対象
■「ほとけの子」―月刊　保護者対象
■絵本「こどものくに」―ひまわり版（4～5歳児）
　　　　　　　　　　　　チューリップ版（3～4歳児）
　　　　　　　　　　　　たんぽぽ版（2～3歳児）

■「写真ニュース」「日仏保ニュース」の発行
■研究紀要の発刊
■仏教保育各種教材の編集・監修―教材開発委員会を中心に、「なつのえほん」「出席カード」他多数を発行

あとがき

　日本仏教保育協会は、仏教に基づいた保育の充実をはかるための仏教系幼稚園、保育園、認定こども園及び養成機関の全国組織です。創立は昭和4年。昭和44年11月に文部省（当時）から社団法人の認可、さらに平成24年4月に内閣府より公益社団法人の認定を受け、活動を続ける最も歴史の長い保育団体です。

　仏教保育者養成機関からの要望で昭和60年に刊行された「仏教保育内容総論」は、仏教保育の理論と実践のためのテキストとして研究者・実践者に提供されてまいりました。その後、内容を一新して平成16年に「わかりやすい仏教保育総論」を刊行、この度本書「新 わかりやすい仏教保育総論」を作成いたしました。

　近年、子どもを取り巻く環境はさまざまな変化を見せています。一例として、少子化による社会構造の変化は予想を超えて進み、保育の環境も社会変化に合わせて姿を変えつつあります。しかし、「生命尊重（いかせいのち）の保育」を基本とする仏教保育は、いつの時代にもたった一つしかない「いのち」を大切に、というお釈迦さまの教えを伝えるものです。子どもたちがさまざまな体験を通して「いのち」について感じたり気付いたりできる保育を実践し、ほとけさまの心を伝えていただきたいと思います。

　本書をまとめるにあたり、仏教保育関係の諸先生方にご執筆、ご協力いただきましたことに、深く感謝申し上げます。また、刊行にあたりチャイルド本社からのご厚意をいただきましたことに、重ねて感謝申し上げます。

　本書が保育者養成機関のテキストとして活用されますことを、心より願っております。

　　　　令和5年10月

公益社団法人 日本仏教保育協会

理事長　髙山久照

『新 わかりやすい仏教保育総論』編集委員・執筆者一覧 （肩書きは執筆時のもの）

 編集委員長

髙輪真澄 （光輪幼稚園）

編集副委員長

桑田則行 （最勝寺みのり保育園）

 編集委員

髙山久照 　（寿福寺幼稚園）	麻布恒子 　（麻布山幼稚園）
荻野順雄 　（花川戸保育園）	大島康裕 　（認定こども園舎人幼稚園）
丹羽義昭 　（認定こども園あずま幼稚園）	五島 満 　（銀の鈴幼稚園）
髙木正尊 　（成田保育園）	樋口威道 　（今泉保育園）

執筆者 （執筆順）

はじめに	小澤憲珠	公益社団法人日本仏教保育協会名誉会長・浄土宗大本山増上寺法主
第1講	戸田了達	立正大学非常勤講師・妙福寺保育園園長
第2講	安藤和彦	京都西山短期大学客員教授
第3講	安井昭雄	光明幼稚園名誉園長
第4講	古屋道明	共生保育園園長・玉蓮院住職
第5講	佐藤達全	育英短期大学名誉教授・曹洞宗常仙寺住職・社会福祉法人金陽会理事長
第6講	村上真瑞	学校法人建中寺学園理事長・建中寺住職 東海学園大学共生文化研究所研究員
第7講	教材開発委員会	杉本育美（光明幼稚園・日本仏教保育協会教材開発委員長） 樋口明道（鵜の木いまいずみ保育園）　秋山由美（光徳保育園） 陣之内勝子（小岩みどり保育園）　奥平森介（松江ひかり幼稚園）
第8講	髙輪真澄	武蔵野大学非常勤講師・光輪幼稚園園長
第9講	石井正子	昭和女子大学教授
第10講	鈴木克徳	（特定非営利活動法人）持続可能な開発のための教育推進会議 （ESD-J）共同代表理事・日本ESD学会副会長
第11講	冨岡量秀	大谷大学教授
第12講	浅井孝順	学校法人東江寺学園理事長・東江寺前住職
	友松浩志	学校法人真理学園理事長
	戸田了達	立正大学非常勤講師・妙福寺保育園園長
第13講	若原道昭	龍谷大学・筑紫女学園大学名誉教授
第14講	五島 満	銀の鈴幼稚園園長
あとがき	髙山久照	公益社団法人日本仏教保育協会理事長・学校法人寿福寺学園理事長

装丁●山内浩史デザイン室
本文デザイン・DTP●エルグ
表紙絵●浅倉田美子
本文イラスト●浅倉田美子
●伊東美貴
●三浦晃子
●みやれいこ
資料提供●認定こども園足利幼稚園
●お茶の水女子大学附属図書館
●宮内庁
●高野山真言宗
●護王神社
●鈴木出版株式会社
●学校法人宝仙学園
●株式会社フレーベル館
●早稲田大学図書館
本文校正●有限会社くすのき舎
編集協力●東條美香
編集●竹久美紀

＊本書の刊行にあたり、楽曲の使用に関して、作詞家の安藤徇之介先生と連絡をとることができません
でした。ご関係の方をご存知の方がいらっしゃいましたら、㈱チャイルド本社編集部までお知らせ
いただければ幸いです。

新 わかりやすい 仏教保育総論

2023年10月　初版第1刷発行

編者　　　公益社団法人日本仏教保育協会
発行人　　大橋 潤
編集人　　竹久美紀
発行所　　株式会社チャイルド本社
　　　　　〒112-8512　東京都文京区小石川5-24-21
　　　　　電話／ 03-3813-2141（営業）　03-3813-9445（編集）　振替／ 00100-4-38410
印刷・製本　共同印刷株式会社
　　　　　ISBN978-4-8054-0323-5　C2037
日本音楽著作権協会(出)許諾　第2306580-301号

©Nihonbukkyohoikukyokai　2023
NDC376　26×19cm　144P　Printed in Japan

チャイルド本社のウェブサイト　https://www.childbook.co.jp/
チャイルドブックや保育図書の情報が盛りだくさん。どうぞご利用ください。